말운동장애를 위한

언어재활 워크북

김주연 · 서혜경 공저

학지사

머리말

신경언어장애는 크게 실어증과 말운동장애로 분류할 수 있습니다. 지난 2021년과 2023년에『실어증 및 인지의사소통장애를 위한 언어재활 워크북』이해력 편과 표현력 편을 출간하였습니다. 이 책들이 임상 현장에서 근무하는 전문가 선생님들과 환자 및 보호자분들에게 도움이 되었기를 바랍니다.

성인 말운동장애도 실어증 언어재활과 마찬가지로 위계에 따른 집중적인 훈련이 필요합니다. 하지만 현재 임상 현장에서 활용할 수 있는 체계적인 프로그램과 활동 자료가 부족한 실정입니다. 이에 필요성을 느끼고『말운동장애를 위한 언어재활 워크북』을 집필하게 되었습니다.

이 워크북은 구강운동부터 호흡, 발성, 공명, 조음, 운율 과제로 구성하였습니다. 이완형, 경직형, 실조형, 운동저하형, 운동과잉형, 편측 상부운동신경세포형, 혼합형 마비말장애에 더하여 말실행증과 파킨슨병 환자를 위한 과제도 포함하였습니다. 과제는 난이도에 따라 집중적으로 연습할 수 있도록 다양한 과제를 제시하였으며, 환자의 말 특징에 따라 필요한 부분의 과제를 즉각 활용할 수 있도록 하였습니다. 이 워크북을 통해 가정에서도 지속적인 연습이 이루어지길 바랍니다.

*일러두기: 제6장 '조음'에서는 목표 음소별 단어를 표준 발음을 기준으로 제시하였다. 예를 들어, 어말종성 치경 파열음 /ㄷ/ 목록 중에서 '낮'의 표준 발음은 [낟]이므로, 이 단어는 어말종성에 치경 파열음 /ㄷ/이 포함된 단어로 분류된다.

차례

제7장 운율(Prosody) 229

제8장 말실행증 중재
(Treatment of Apraxia of Speech) 241

제9장 리 실버만 음성치료 소개
(Lee Silverman Voice Treatment, LSVT) 263

제 1 장

워크북 사용을 위한 안내

1. 언어재활이란

2. 워크북의 개요 및 활용

3. 워크북 과제의 이해

1. 언어재활이란

1) 말

말(speech)은 역동적인 신경활동을 통해 개인의 생각과 감정을 소리를 매개체로 하여 외부로 표출하는 의사소통 방식이다. 말을 원활하게 산출하기 위해서는 여러 단계의 신경활동이 통합되어야 한다. 이 통합 과정은 신경인지-언어(neurocognitive-linguistic), 신경계획(neuroprogramming), 신경근육(neuromuscular)의 단계를 포함한다. 먼저, '신경인지-언어 단계'에서는 생각, 의도, 감정 등이 구어 상징 형태로 변환되는데, 구어 상징은 각 개인이 속한 사회에서 통용되는 언어학적 규칙을 반영한다. 둘째, '신경계획 단계'는 중추신경계인 뇌에서 말운동(motor speech)이 계획되는 단계로서, 추상적 말소리인 음운(phoneme)이 말 산출을 위한 구체적인 운동 정보로 전환되는 과정을 거친다. 셋째, '신경근육 단계'에서는 말 운동에 대한 구체적인 계획이 시냅스를 통해 말초신경인 뇌신경을 거쳐 호흡, 발성, 공명, 조음을 조절하는 말 산출 하부 기관인 성대, 입술, 혀 등으로 전달된다. 이 단계들을 거쳐서 실현된 소리는 최종적으로 청자의 귀에 물리적 형태인 '음(phone)'으로 인식된다(김선우, 2012). 이러한 과정을 통해 개인은 생각과 감정을 언어로 표현함으로써 다른 사람들과 의사소통을 할 수 있게 된다.

2) 뇌손상과 말운동장애

뇌손상은 말 산출에 어려움을 일으킬 수 있다. 신경학적 손상으로 인한 말운동장애(Motor Speech Disorders, MSD)는 말운동의 계획, 프로그래밍, 제어 및 집행에 영향을 미치는 말장애로 정의된다. 이러한 말운동장애는 마비말장애(dysarthria)와 말실행증(Apraxia Of Speech, AOS)을 포함한다. 마비말장애는 다양한 유형으로 분류되며, 이완형(flaccid), 경직형(spastic), 실조형(ataxic), 운동저하형(hypokinetic), 운동과잉형(hyperkinetic), 편측 상부운동신경세포형(unilateral upper motor neuron), 혼합형(mixed) 유형이 있다. 마비말장애는 말 산출의 하위 기제인 호흡, 발성, 공명, 조음, 운율 측면에 필요한 힘(strength), 속도(speed), 범위(range), 안정성(steadiness), 근긴장(tone) 또는 움직임의 정확성(accuracy of movements) 등 다양한 측면에서 이상을 보인다. 말운동 제어나 집행 장애를 야기하는 신경생리학적 이상은 주로 한 가지 이상의 감각운동적 이상으로 발생한다. 이는 종종 말산출 기제의 약증(weakness), 경직(spasticity), 불협응(incoordination), 불수의적 움직임(involuntary movements), 또는 근긴장도(muscle tone)가 과도하거나 감소하는 데 영향을 끼칠 수 있다. 한편, 말실행증은 음성 및 운율 측면에서 정상적인 말을 산출하기 위해 필요한 움직임을 제어하는 감각운동 명령을 계획하고 프로그래밍 하는 것이 어려운 신경학적 말장애이다. 이는 마비말장애에 동반되는 생리학적 이상 소견 없이도 발생할 수 있으며, 언어장애 없이도 나타난다(김향희 외, 2016).

3) 말운동장애 중재의 기본원리

말운동장애 환자들은 자신의 말을 향상시키기 위해서는 반드시 말을 해야 한다. 이때 체계적인 반복 훈련(drill)이 요구되며 연습은 여러 회기 동안 장기간에 걸쳐 진행하는 것이 필요하다. 짧은 시간 동안 연습하면서 빈번하게 휴식시간을 가지게 되면 기억에 흔적을 남겨 학습과 수행력 향상에 도움을 준다. 이처럼 말운동장애 중재는 일정한 원칙과 전략을 따라 진행된다.

말운동장애 중재의 주된 목적은 의사소통의 효과성(effectiveness), 효율성(efficiency), 자연스러움(naturalness)을 극대화하는 것이다. 이를 위해서는 다양한 방향으로 노력을 기울여야 한다. 예를 들어, 경도(mild) 말운동장애 환자에게는 치료의 효율성과 발화의 자연스러움이 강조되어야 하며, 중등도(moderate) 환자에게는 말명료도와 효율성에 중점을 두어야 한다. 심도(severe) 환자에게는 의사소통의 효과적이고 효율적인 보완책을 강조할 필요가 있다.

치료 회기를 구성할 때는 빈도(frequency), 과제 순서(task ordering), 오류율(error rate) 및 피로(fatigue)를 고려해야 한다. 연습을 자주 할수록 수행력이 더욱 향상될 수 있고, 특히 치료 초기에는 일일 2회기의 연습이 제안되며, 1회기만 가능한 경우에는 다른 환경에서 자주 연습해야 한다. 치료 과제 순서는 쉬운 과제에서 어려운 과제로 진행하며 성공을 확실하게 보장하는 과제로 마무리하는 것이 좋다. 또한 오류율을 낮추는 것이 중요하다. 높은 오류율은 실패를 유발하고 피로를 초래하며, 학습 능력을 저하시킬 수 있다. 시작 단계에서는 60~80% 수준으로 즉각적인 정반응이 나타나도록 훈련하는 것이 좋다. 이는 자주 성공하되, 성공하기 위해서 노력을 해야 하는 상황을 만드는 것이 중요하기 때문이다. 90% 이상으로 정반응하면 과제의 난이도를 높여야 한다.

치료는 치료 목표 달성을 위해 필요한 만큼 오래 제공되어야 하지만 가능한 한 짧은 기간 내에 비용-효과적인 방법으로 달성해야 한다. 중재는 목표에 도달하였을 때, 정체기에 도달하였을 때, 환자가 더 이상의 치료를 원하지 않을 때에는 종결하는 것을 권장한다(김향희 외, 2016).

 ## 2. 워크북의 개요 및 활용

이 워크북은 말운동장애 환자를 중재하는 데 필요한 과제와 지침을 제시한다. 학령기 아동부터 성인까지 다양한 연령층에서 사용할 수 있다. 과제는 총 8개로 구성하였으며, 구강운동, 호흡, 발성, 공명, 조음, 운율, 그리고 말실행증 중재를 위한 과제 및 리 실버만 음성치료를 포함한다. 언어재활사를 비롯하여 가정에서도 지속적으로 언어재활을 이어 가야 하는 환자 및 보호자가 쉽게 활용할 수 있도록 각 과제마다 과제 실시 방법을 제시하였다. 말운동장애의 중증도 및 유형 등에 따라 적절한 연습 시간을 정할 것을 권고한다.

3. 워크북 과제의 이해

1) 구강운동

구강운동은 비구어운동과 구어운동으로 나누어 연습할 수 있다. 말운동장애 중재에서 혀 근력 증진과 같은 비구어 근력 강화 훈련은 말장애를 초래할 정도의 약증이 있는 환자 또는 비구어운동에 시간과 노력을 투자할 의지가 있는 환자에게 적절하다. 한편, 하부운동신경 문제로 인해 급속하게 약증이 진행되는 근위축성 측색 경화증(Amyotrophic Lateral Sclerosis, ALS)과 같은 퇴행성 신경질환 환자에게는 금기된다. 비구어 운동은 직접적으로 말에 초점을 두는 구어운동이나 조음 훈련을 보완하는 과제로 활용할 수 있다. 궁극적으로 말명료도를 증진하기 위해서는 구어를 활용한 연습을 통해야만 가능하다. 이 책에서는 비구어운동으로 입술 및 혀의 운동범위를 증진할 수 있는 과제를 제시하였고, 구어운 동으로 교대운동, 일련운동, 혀 올리기 운동, 혀 앞부분 운동, 혀 가운데 부분 운동, 혀 뒷부분 운동, 자음 과장하기(overarticulation) 과제를 제 시하였다. 구강운동을 할 때 속도를 강조하면 정확성이 감소되고, 정확성을 강조하면 속도가 감소하는 문제가 발생한다. 따라서 초반에는 정 확성에 더욱 초점을 두고 연습하고, 전반적인 말명료도가 의사소통에 방해가 되지 않는 수준에 이르면 속도를 점차적으로 증가해 연습할 것을 권장한다. 단, 속도가 증가하여도 말명료도는 일정하게 유지할 수 있어야 한다.

2) 호흡

호흡은 인간이 생명을 유지하기 위해 반드시 필요한 대사 과정으로 우리 몸에 필요한 산소를 공급하고, 불필요한 이산화탄소를 몸 밖으로 배출하는 것이다. 호흡이란 우리가 숨을 들이마시고 다시 내뱉는 과정의 연속인 것이다. 호흡을 할 때 가장 중심이 되는 신체 기관은 연수 (medulla)와 교뇌(pons)이며 흉곽과 폐를 포함해 여러 근육이 함께 움직인다. 숨을 들이 마시는 것을 들숨, 흡기라고 하며 흡기는 냄새를 맡듯 코로 공기를 유입하는 것, 빨대로 공기를 빨아들이는 것처럼 입으로 유입하는 것 등이 있다. 반면, 숨을 내쉬는 것을 날숨, 호기라고 하며 호기 의 가장 중요한 기능은 말을 산출할 때 필요한 것이다. 우리는 복식호흡 연습을 통해 호흡의 과정을 효과적으로 조절하면서 말을 자연스럽게 내뱉을 수 있도록 훈련하는 것이 필요하다. 이 책에서는 누운 자세와 앉은 자세를 통해 올바른 호흡을 강화하고, 다양한 기초적인 흡기와 호기 활동을 제시하였다. 그 다음, 흡기와 호기를 조절하면서 구어호흡을 지지하는 연습을 실시하고, 이후 폐활량을 증진하기 위한 유성음과 무성 음을 활용한 연습 방법도 제시하였다. 무성음은 유성음보다 더 많은 공기 압력이 필요하기 때문에 유성음 훈련부터 하고, 안정적인 수행이 가 능해지면 무성음 훈련을 실시하도록 한다. 마지막으로, 호흡당 음절 수 늘리기 훈련을 실시한다. 정상적인 기준으로는 한 호흡당 14~20개의 단음절 산출이 가능하다. 따라서 처음에는 한 호흡당 3~4개의 음절을 산출하는 것을 목표로 하여 점차적으로 한 호흡당 산출할 수 있는 음절 수를 늘려가면서 읽기 과제를 연습한다. 이후 읽기에서의 조절이 가능하면 노래 부르기로 연습할 것을 권장한다.

3) 발성

발성은 성대가 진동을 하면서 만들어지는 소리이다. 이 소리를 음성(voice)이라고 하는데 모든 모음과 절반 정도의 자음을 산출하는 동안 성대의 진동이 일어난다. 일부 자음은 무성음이기 때문에 성대 진동이 동반되지 않는다. 발성을 하는 동안 유성음을 산출할 때는 연속적으로 성대 내전이 일어나고, 무성음을 산출할 때는 주기적으로 성대 외전이 일어나는 등의 매우 정교한 신경운동의 협응과 통제 과정이 연속으로 일어난다. 우리는 단어뿐만 아니라 문장, 담화 수준을 표현하며 상호작용을 하는데, 발화가 끝날 때까지 말산출을 위한 압력을 잘 유지하면서 발성에 필요한 힘을 지속적으로 제공해야 적절한 발성을 동반하여 말소리를 산출할 수 있는 것이다. 성대근을 강화함으로써 음도나 강도를 적절히 조절할 수 있고, 목소리를 더욱 선명하게 만드는 것이다. 이 책에서는 먼저 부드러운 발성을 위한 준비로 발성 개시 연습부터 제시하였다. 발성 시작과 유지가 가능해지면 음성의 크기를 바꾸는 강도 조절 연습을 시작한다. 또한 음성의 높낮이를 바꾸는 음도 조절 연습도 음계에 따라 실시하는 것이 도움이 되겠다.

4) 공명

공명이란 성대를 울리면서 만들어진 음이 성도를 통해 지나오면서 인두강, 구강, 비강 등에 이르러 선택적으로 커지거나 여과되는 것을 말한다. 우리의 말소리는 인두강, 구강, 비강에 의해 그 소리가 달라진다. 우리가 만드는 대부분의 소리는 인두강과 구강을 지나 만들어지지만 일부 소리는 인두강과 구강, 비강 모두 연결되어 만들어지기도 한다. 공명에서의 중요한 역할을 하는 구조적 기관이 연인두 밸브인데, 연인두 밸브가 적절히 닫히면 기류가 비강으로 가는 것을 막아 구강 앞쪽으로 기류가 보내지면서 구강음이 산출된다. 반면, 연인두 밸브가 열리면 비강으로 기류가 지나가면서 비음이 산출된다. 과소비성은 비음 소리에서 비강 공명이 부족한 것을 말한다. 비강 공명이 부족하면 모음이 다른 소리로 바뀌거나 왜곡된 소리로 만들어지는 것뿐만 아니라 비음 소리에서도 다른 소리로 바뀌는 문제가 생길 수 있다. 과다비성은 비음 소리에서 비강 공명이 너무 많은 것을 말한다. 연인두 밸브의 열고 닫힘이 부적절하여 불필요하게 비성을 많이 사용하는 것이다. 이 책에서는 과소비성과 과다비성의 중재를 위해 단어를 변별하면서 조음하여 적절한 공명 조절 훈련을 한다. 이후 문장 수준에서도 비음 또는 구강음이 많이 포함된 문장을 소리내어 읽으면서 공명 조절 연습을 하도록 제시하였다.

5) 조음

조음은 발성과 공명의 과정을 지난 소리가 조음기제의 운동에 의해 개별 말소리로 변형되는 것을 말한다. 조음기제는 입술, 턱, 혀, 연구개와 같은 기제를 의미한다. 조음 운동과 조음기제의 위치 변화를 통해 구강의 크기와 모양이 변하고, 기류가 방출되는 방법을 조정하면서 자음과 모음을 알맞게 산출하는 것이다. 이 책에서는 조음위치, 조음방법, 단어 내 위치를 고려하여 무의미음절부터 단어, 문장, 문단 수준까지 여러 가지 과제를 제시하였다. 단어 내 위치에 따라 어두초성, 어중초성, 어중종성, 어말종성으로 단어 수준을 구분지었다. 조음의 일반화를 위해 문장 수준에서는 그림을 보고 명명하는 과제부터 시작해 단어, 짧은 구나 문장, 긴 문장의 과제를 포함하였다. 또한 tongue-twister로 불리는 복잡하고 어려운 발음으로 구성된 문장을 제시하였으며, 비구조화 과제를 통해 일반화 연습을 할 수 있도록 다양한 예시도 제시하였다.

6) 운율

운율(prosody)은 말의 강세, 억양, 리듬을 의미하는데 연속적인 발화에서 조음은 개별적인 음소의 강세와 발화의 억양에 의해 영향을 받는다. 강세(stress)는 한 음절을 산출하는 동안 만들어지는 것인데 강세를 받는 음절은 음도와 강도가 더 높고, 지속시간도 길며 조음 운동도 더 정확하게 이루어진다. 억양(intonation)은 하나의 발화 전체에 걸쳐서 자주 나타나는 음도의 변화를 의미하는데 성대 진동의 속도와 후두 근육의 긴장도를 조절하면서 억양을 만드는 것이다. 예를 들어, 평서문의 끝은 음도가 더 낮은 주파수로 떨어지고, 의문문의 끝은 더 높은 주파수로 올라가는 것이다. 리듬(rhythm)은 강세 음절과 비강세 음절의 변화, 그리고 각 음절 간의 상대적 타이밍을 의미한다. 이 책에서는 연결발화에서의 운율 조절을 위해 먼저 말속도 조절 연습부터 제시하였다. 속도조절판(pacing board)을 활용한 연습 방법이 포함되어 있으며 평서문과 의문문을 읽으며 억양 연습을 하도록 하였다. 마지막으로, 대본을 제시해 상황에 적절한 운율 조절 훈련법을 제시하였다.

7) 말실행증 중재

말실행증(Apraxia Of Speech, AOS)이란 의도적인 말산출을 할 때, 구강조음기관을 정확하게 위치시켜 말소리 산출에 필요한 운동을 순차적으로 수행하는 능력이 손상된 것을 말한다. 일반적으로 말실행증 환자들은 말속도가 느리고, 말을 할 때 힘을 들여서 표현하고, 더듬거리는 것처럼 보인다. 정확한 조음 위치를 찾기 위해 조음 탐색행동(groping)이 동반되기도 하며 특히 발화를 개시할 때 말실행증의 오류 특징이 증가하는 편이다. 말실행증은 음절 길이가 길어질수록 오류가 더 증가하는 특성이 있기 때문에 이에 대한 연습이 필요하다. 따라서 이 책에서는 음절 길이의 변화에 따라 정조음을 하는 연습, 짧은 구와 문장 수준에서 연습할 수 있는 과제를 제시하였다. 또한 말실행증 중재 프로그램인 Rosenbeck 등(1973)에 의한 8단계의 과제 연속체 접근법, Wambaugh 등(1998)에 의한 말소리 산출 치료법(sound production treatment, SPT)과 Wertz 등(1984)에 의한 대조적 강세 훈련 과제를 포함하였다.

8) 리 실버만 음성치료 소개(Lee Silverman Voice Treatment, LSVT)

리 실버만 음성치료 프로그램은 Raming 등(1995)에 의해 개발되었고, 이 프로그램은 파킨슨병 환자의 말 문제에 효과가 있는 것으로 여러 연구에서 보고되었다. 이 프로그램의 목적은 환자가 크게 생각하기(Think Loud)를 계속 상기하면서 매일의 계획에 따라 최대한으로 힘주어 발성하고 또 환자에게 훈련 방법을 교육하는 것이다. 이 프로그램의 특징은 다음과 같다.

첫째, 목소리 크기를 크게 하는 것에만 집중한다. 조음 오류나 기타 말 산출에서의 오류는 직접적으로 다루지 않는데, 그 이유는 음성 강도가 커지는 것만으로도 말명료도가 향상되는 효과가 생길 수 있기 때문이다.

둘째, 힘주어 발성하는 것을 여러 번 반복한다. 정상적인 음성 강도, 음질로 발성하는 것을 강조한다. 최대한 큰 소리로 모음 연장 발성하기를 시작해 단어, 문장, 담화 수준으로 확장한다.

셋째, 치료 회기는 매일 반복한다. 주 4~5회, 회기당 50~60분 구성, 최소 월 16회 이상 진행하는 것을 권장한다. 파킨슨병 환자들의 증상은 개인마다 다르기 때문에 개별 치료를 권하며, 치료 시간 외에 가정에서도 집중적인 연습이 필요하다.

넷째, 정상적인 음성 강도를 산출하기 위해 현재 환자의 음성 강도 수준을 파악한다. 환자들은 종종 정상적인 소리 크기로 말하면 소리치는 것처럼 들린다고 말한다. 이 같은 감각 문제를 해결하기 위해 환자의 음성에 대해 청자가 어떻게 들리는지에 대한 피드백을 제공하고, 음성 강도가 커질 때 환자가 어떻게 느끼는지를 인식하는 연습이 필요하다.

다섯째, 진전에 대해 객관적 평가가 이루어져야 한다. 소음측정기, 녹음기, 초시계 등을 이용해 음성 강도, 음질, 발성 시간 등을 확인해 객관적인 평가 자료를 수집해야 한다.

환자의 증상에 따라 구강운동, 교호운동, 호흡 훈련, 운율 훈련뿐만 아니라, 효과적인 의사소통을 위해 짧고 명확한 문장을 사용하거나 중요한 단어를 강조하는 등의 대화 전략 훈련도 함께 시행되어야 한다.

구강운동
(Oral Motor Exercises)

1. 비구어운동

목표	입술의 힘과 운동범위 증진

1. /우/ 소리를 내며 입술을 앞으로 내민다.

2. /오/ 소리를 내며 입술을 모은다.

3. /이/ 소리를 내며 입술 꼬리를 평평하게 당긴다.

4. /우이/를 4회 반복한다.

5. /오이/를 4회 반복한다.

6. /우오/를 4회 반복한다.

7. /우오이/를 4회 반복한다.

8. /이오우/를 4회 반복한다.

9. /우이오/를 4회 반복한다.

10. 입술을 붙였다 떼면서 /쁘/ 소리를 4회 반복한다.

목표 혀의 힘과 운동범위 증진

1. 혀를 앞으로 최대한 내밀고 4초간 유지한다.

2. 혀를 왼쪽 입꼬리에 대고 4초간 유지한다.

3. 혀를 오른쪽 입꼬리에 대고 4초간 유지한다.

4. 혀로 왼쪽 볼을 최대한 밀면서 4초간 유지한다.

5. 혀로 오른쪽 볼을 최대한 밀면서 4초간 유지한다.

6. 혀를 윗입술에 대고 4초간 유지한다.

7. 혀를 아래로 내밀고 4초간 유지한다.

8. 혀끝을 앞니에 대었다가 떼면서 /뜨/ 소리를 4회 반복한다.

9. 혀를 아랫잇몸을 따라 좌우로 4회 반복한다.

10. 혀를 윗잇몸을 따라 좌우로 4회 반복한다.

2. 구어운동

| 목표 | 입술 및 턱 운동 |

이이이　으으으　우우우　애애애　어어어　오오오　아아아

오이　　우이　　어이　　아이　　으아　　애어　　어으　　이애

아우이　　　아우이　　　아우이　　　아우이　　　아우이

어이오　　　어이오　　　어이오　　　어이오　　　어이오

오우이　　　오우이　　　오우이　　　오우이　　　오우이

아오이　　　아오이　　　아오이　　　아오이　　　아오이

으애어　　　으애어　　　으애어　　　으애어　　　으애어

| 목표 | 입술 운동 |

압삐　　압삐삐　　압삐삐삐　　삐삐삐삐　　삐삐삐삐　　삐삐삐삐

읍쁘　　읍쁘쁘　　읍쁘쁘쁘　　쁘쁘쁘쁘　　쁘쁘쁘쁘　　쁘쁘쁘쁘

압뿌　　압뿌뿌　　압뿌뿌뿌　　뿌뿌뿌뿌　　뿌뿌뿌뿌　　뿌뿌뿌뿌

압뻬　　압뻬뻬　　압뻬뻬뻬　　뻬뻬뻬뻬　　뻬뻬뻬뻬　　뻬뻬뻬뻬

압뽀　　압뽀뽀　　압뽀뽀뽀　　뽀뽀뽀뽀　　뽀뽀뽀뽀　　뽀뽀뽀뽀

압빠　　압빠빠　　압빠빠빠　　빠빠빠빠　　빠빠빠빠　　빠빠빠빠

뽀삐　뿌빠　쁘뻬　뻐뿌　빠삐　뻬뽀　삐뽀　뿌뻐　뽀뿌

뽀삐빠　뻬뿌뽀　삐뿌빠　빠삐뽀뻬　삐빠뿌뿌　뽀빠뿌뻬

22

목표	교대운동

파파파파	파파파파	파파파파	파파파파
푸푸푸푸	푸푸푸푸	푸푸푸푸	푸푸푸푸
타타타타	타타타타	타타타타	타타타타
리리리리	리리리리	리리리리	리리리리
라라라라	라라라라	라라라라	라라라라
차차차차	차차차차	차차차차	차차차차
카카카카	카카카카	카카카카	카카카카
코코코코	코코코코	코코코코	코코코코

| 목표 | 일련운동 |

파타파타	파타파타	파타파타	파타파타
카타카타	카타카타	카타카타	카타카타
타파타파	타파타파	타파타파	타파타파
파카파카	파카파카	파카파카	파카파카
바빠파	바빠파	바빠파	바빠파	바빠파
다따타	다따타	다따타	다따타	다따타
자짜차	자짜차	자짜차	자짜차	자짜차
가까카	가까카	가까카	가까카	가까카

목표	혀 올리기 운동

일	을	울	앨	얼	올	알
일리	을르	울루	앨래	얼러	올로	알라
일릴리	을를르	울룰루	앨랠래	얼럴러	올롤로	알랄라
릴를룰	를룰래	룰랠럴	랠럴롤	럴롤랄	롤랄릴	랄릴를
릴릴릴릴	를를를를	랠랠랠랠	럴럴럴럴	롤롤롤롤	랄랄랄랄
팔랑팔랑	주렁주렁	빨리빨리	우물쭈물	울렁울렁	살랑살랑
말랑말랑	카랑카랑	데굴데굴	빙글빙글	갈팡질팡	뱅글뱅글

| 목표 | 혀 앞부분 운동 |

읻띠	읻띠띠	읻띠띠띠	띠띠띠띠	띠띠띠띠	띠띠띠띠
은뜨	은뜨뜨	은뜨뜨뜨	뜨뜨뜨뜨	뜨뜨뜨뜨	뜨뜨뜨뜨
욷뚜	욷뚜뚜	욷뚜뚜뚜	뚜뚜뚜뚜	뚜뚜뚜뚜	뚜뚜뚜뚜
앧때	앧때때	앧때때때	때때때때	때때때때	때때때때
옫또	옫또또	옫또또또	또또또또	또또또또	또또또또
앋따	앋따따	앋따따따	따따따따	따따따따	따따따따

또띠	뚜따	뜨때	떠뚜	따띠	때또	띠또	뚜떠	또뚜

또띠따	때뚜또	띠뚜따	따띠또때	띠따뚜뚜	또따뚜때

목표 혀 가운데 부분 운동

읻찌	읻찌찌	읻찌찌찌	찌찌찌찌	찌찌찌찌	찌찌찌찌
읃쯔	읃쯔쯔	읃쯔쯔쯔	쯔쯔쯔쯔	쯔쯔쯔쯔	쯔쯔쯔쯔
욷쭈	욷쭈쭈	욷쭈쭈쭈	쭈쭈쭈쭈	쭈쭈쭈쭈	쭈쭈쭈쭈
앧째	앧째째	앧째째째	째째째째	째째째째	째째째째
옫쪼	옫쪼쪼	옫쪼쪼쪼	쪼쪼쪼쪼	쪼쪼쪼쪼	쪼쪼쪼쪼
앋짜	앋짜짜	앋짜짜짜	짜짜짜짜	짜짜짜짜	짜짜짜짜

쪼찌	쭈찌	쯔째	쩌쭈	짜찌	째쪼	찌쪼	쭈쩌	쪼쭈
쪼찌짜	째쭈쪼	찌쭈짜	짜찌쪼째	찌짜쭈쭈				쪼짜쭈째

목표	혀 뒷부분 운동

익끼	익끼끼	익끼끼끼	끼끼끼끼	끼끼끼끼	끼끼끼끼
윽끄	윽끄끄	윽끄끄끄	끄끄끄끄	끄끄끄끄	끄끄끄끄
욱꾸	욱꾸꾸	욱꾸꾸꾸	꾸꾸꾸꾸	꾸꾸꾸꾸	꾸꾸꾸꾸
액깨	액깨깨	액깨깨깨	깨깨깨깨	깨깨깨깨	깨깨깨깨
옥꼬	옥꼬꼬	옥꼬꼬꼬	꼬꼬꼬꼬	꼬꼬꼬꼬	꼬꼬꼬꼬
악까	악까까	악까까까	까까까까	까까까까	까까까까

꼬끼	꾸끼	끄깨	꺼꾸	까끼	깨꼬	끼꼬	꾸꺼	꼬꾸

꼬끼까	깨꾸꼬	끼꾸까	까끼꼬깨	끼까꾸꾸	꼬까꾸깨

목표	자음 과장하기(overarticulation)

가아	갸아	거어	겨어	고오	교오	구우	규우	그으	기이
나아	냐아	너어	녀어	노오	뇨오	누우	뉴우	느으	니이
다아	댜아	더어	뎌어	도오	됴오	두우	듀우	드으	디이
라아	랴아	러어	려어	로오	료오	루우	류우	르으	리이
마아	먀아	머어	며어	모오	묘오	무우	뮤우	므으	미이
바아	뱌아	버어	벼어	보오	뵤오	부우	뷰우	브으	비이
사아	샤아	서어	셔어	소오	쇼오	수우	슈우	스으	시이

아아	야아	어어	여어	오오	요오	우우	유우	으으	이이
자아	쟈아	저어	져어	조오	죠오	주우	쥬우	즈으	지이
차아	챠아	처어	쳐어	초오	쵸오	추우	츄우	츠으	치이
카아	캬아	커어	켜어	코오	쿄오	쿠우	큐우	크으	키이
타아	탸아	터어	텨어	토오	툐오	투우	튜우	트으	티이
파아	퍄아	퍼어	펴어	포오	표오	푸우	퓨우	프으	피이
하아	햐아	허어	혀어	호오	효오	후우	휴우	흐으	히이

제3장

호흡
(Respiration)

1. 주의사항

- 호흡 운동을 한 번에 심하게 하면 두통이나 어지럼증 등이 발생할 수 있으므로 중간에 충분히 쉬는 시간을 가진다.

- 호흡이 불편해지면 '앞으로 기대기'가 도움이 된다.

- 팔로 몸을 지탱하면서 상체를 앞으로 기울인다.

- 복부 근육을 이완시킨다.

- 의자에 앉아 팔꿈치를 받치고 상체를 앞으로 기울여서 천천히 숨을 내쉰다.

2 자세

1) 누운 자세

바닥에 누워서 하는 호흡은 흉곽 주변의 보조 호흡 근육의 사용을 줄여서 호흡으로 인한 피로가 줄어들고, 호흡의 효율이 향상된다. 가장 편안하게 누운 자세에서 시작해 앉은 자세, 일어선 자세, 보행하면서 호흡하기를 순서대로 연습한다.

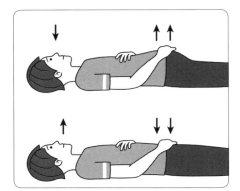

1. 바르게 눕는다.   2. 한 손은 가슴, 한 손은 배에 올린다.

3. 숨을 마실 때 배가 볼록하게 나온다.   4. 숨을 내쉴 때 배가 들어간다.

2) 앉은 자세

자세와 호흡은 서로 밀접한 관계가 있다. 착석 시 적절한 근육 활동을 촉진할 수 있는 올바른 자세는 다음의 조건을 갖춰야 한다.

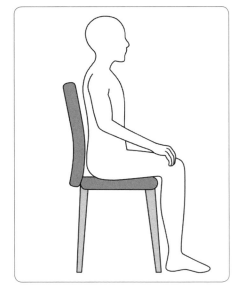

1. 엉덩이를 의자 뒤쪽에 붙여 앉는다.   2. 목근육과 배근육을 이완한다.

3. 머리는 똑바로 세운다.   4. 발은 바닥에 붙인다.

5. 다리는 약간 벌린다.

3. 흡기

흡기란 호흡 과정 중에서 공기를 몸 안으로 끌어들이는 단계를 말한다. 쉽게 말해, 숨을 들이마시는 행위를 의미한다.

1) 입으로 마시기

(1) 인스피로미터(inspirometer) 활용하기

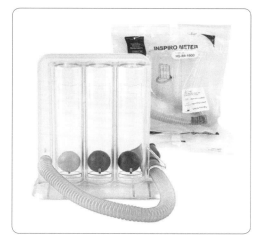

- 의자에 바르게 앉은 후, 인스피로미터를 평평한 책상 위에 놓는다.

- 충분히 숨을 내쉰 후, 마우스피스를 입에 문다.

- 마우스피스로 숨을 힘껏 들이마신다.

- 최대한 숨을 들이마신 상태에서 마우스피스를 입에서 떼고 3~5초 정도 숨을 참았다가 입술을 오므린 상태로 천천히 숨을 내쉰다.

- 숨을 들이쉴 때는 어깨와 가슴이 올라가지 않도록 하고, 복부가 최대한 팽창하도록 한다.

- 이 과정을 여러 차례 반복하며 가능한 한 깊은 호흡을 유지한다.

출처: 구글 이미지.

(2) 빨대 활용하기

- 굵기와 길이가 다양한 빨대를 사용하여 흡기 연습을 한다.

- 빨대는 입술 사이에 끼우고, 입으로 천천히 숨을 들이마신다.

- 각 흡기는 최대한 깊게 들이마시도록 노력한다.

- 숨을 들이쉴 때는 어깨와 가슴이 올라가지 않도록 하고, 복부가 최대한 팽창하도록 한다.

2) 코로 마시기

- 입술을 붙인 상태에서 냄새를 맡듯이 코로 천천히 숨을 들이마신다.

- 숨을 들이쉴 때는 어깨와 가슴이 올라가지 않도록 하고, 복부가 최대한 팽창하도록 한다.

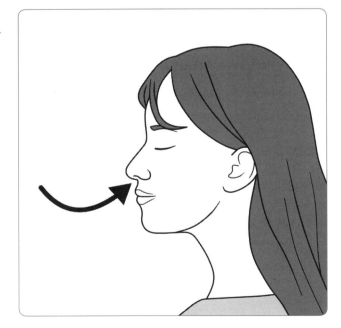

🗣 4. 호기

호기란 호흡 과정 중에서 몸 속에 있는 공기를 몸 밖으로 내쉬는 단계를 말한다. 다시 말해, 숨을 내쉬는 행위를 의미한다.

1) 물컵 및 빨대 활용하기

• 대상자의 호흡량과 목표에 따라 물컵에 물을 채운다.

• 물컵을 평평한 책상 위에 놓는다.

• 입으로 빨대를 물고 코로 숨을 들이마신 후, 입으로 천천히 숨을 내쉬며 물거품을 만든다.

• 10cmH₂O 상태에서 5~7초 이상 물거품을 만드는 것을 목표로 한다.

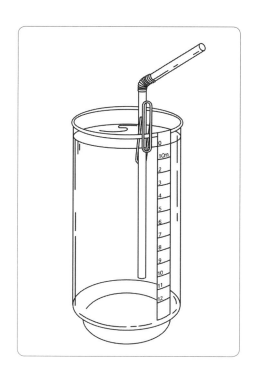

2) 기타 도구 활용하기

• 호루라기 불기, 피리 불기, 비눗방울 불기, 거울에 입김 만들기, 빨대로 종이 날리기, 코끼리나팔 불기 등의 다양한 불기 과제로 연습한다.

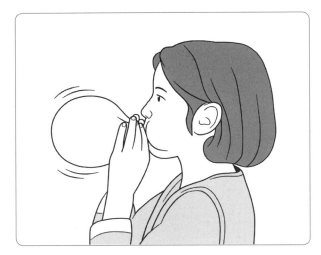

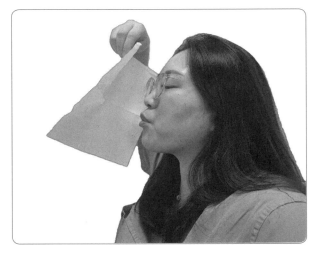

출처: 구글 이미지.

5. 복식호흡

효율적인 구어호흡을 위해 복부를 이용하는 안정적인 흡기 및 호기를 연습한다.

- 코로 숨을 천천히 들이마신다.
- 3~5초 정도 숨을 참는다.
- 입술을 오므리고 입으로 천천히 숨을 내쉰다.
- 남은 호흡을 모두 내뱉는다.

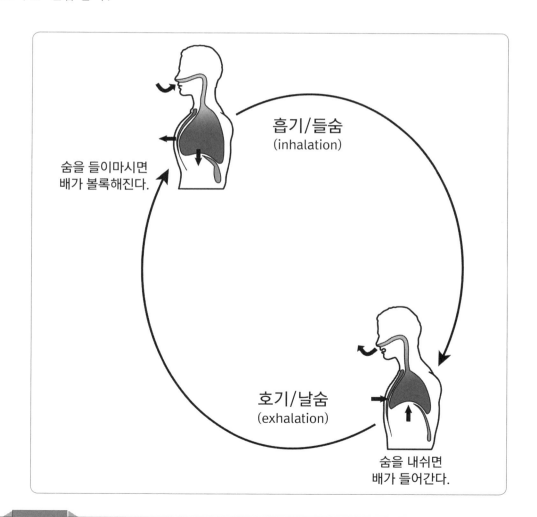

숨을 들이마시면
배가 볼록해진다.

흡기/들숨
(inhalation)

호기/날숨
(exhalation)

숨을 내쉬면
배가 들어간다.

6. 구어호흡 지지

1) 흡기와 호기의 조절

(1) 2초 동안 코로 숨을 들이마시고, 1초 동안 숨을 참은 후, 5초 동안 입으로 /후-/ 불며 천천히 내쉰다.

후－－－－－－－－－－－－－－－－－－－－－－－－－－－－－

(2) 2초 동안 코로 숨을 들이마시고, 1초 동안 숨을 참은 후, 5초 동안 입으로 /스-/ 소리를 내며 천천히 내쉰다.

스－－－－－－－－－－－－－－－－－－－－－－－－－－－－－

(3) 2초 동안 코로 숨을 들이마시고, 1초 동안 숨을 참은 후, 입으로 /스-/ 소리를 내며 2초씩 두 번 길게 나누어 내쉰다.

스－－－－－－－－－－－－－   스－－－－－－－－－－－－

(4) 2초 동안 코로 숨을 들이마시고, 1초 동안 숨을 참은 후, 입으로 /스-/ 소리를 내며 1초씩 네 번 짧게 나누어 내쉰다.

스－－－－－ 스－－－－－ 스－－－－－ 스－－－－－

2) 기류의 강세 조절

(1) 2초 동안 코로 숨을 들이마시고, 1초 동안 숨을 참은 후, 5초 동안 /스-/ 소리를 점점 강하게 내쉰다.

(2) 2초 동안 코로 숨을 들이마시고, 1초 동안 숨을 참은 후, 5초 동안 /스-/ 소리를 점점 약하게 내쉰다.

(3) 2초 동안 코로 숨을 들이마시고, 1초 동안 숨을 참은 후, 5초 동안 /스-/ 소리를 점점 강하게 내쉬다가 점점 약하게 내쉰다.

ㅅㅅㅅㅅㅅㅅㅅ

3) 폐활량 증진: 유성음 활용

(1) 코로 숨을 들이마시고 **소리를 내면서** 천천히 한숨에 하나부터 셋까지 센다.

(2) 코로 숨을 들이마시고 **소리를 내면서** 천천히 한숨에 하나부터 여섯까지 센다.

(3) 코로 숨을 들이마시고 **소리를 내면서** 천천히 한숨에 하나부터 열까지 센다.

(4) 코로 숨을 들이마시고 **소리를 내면서** 천천히 한숨에 가부터 사까지 말한다.

(5) 코로 숨을 들이마시고 **소리를 내면서** 천천히 한숨에 가부터 하까지 말한다.

4) 폐활량 증진: 무성음 활용

(1) 코로 숨을 들이마시고 **속삭이면서** 천천히 한숨에 하나부터 셋까지 센다.

(2) 코로 숨을 들이마시고 **속삭이면서** 천천히 한숨에 하나부터 여섯까지 센다.

(3) 코로 숨을 들이마시고 **속삭이면서** 천천히 한숨에 하나부터 열까지 센다.

(4) 코로 숨을 들이마시고 **속삭이면서** 천천히 한숨에 가부터 사까지 말한다.

(5) 코로 숨을 들이마시고 **속삭이면서** 천천히 한숨에 가부터 하까지 말한다.

7. 호흡당 음절 수 늘리기

한 호흡당 음절 수를 점차 늘려 가며 문장을 읽는다. 읽기가 가능하면 노래 부르기를 실시한다. 만약 호흡당 산출할 수 있는 음절 수가 2음절 이내로 제한된다면 숨을 들이마시고, 잠시 숨을 멈추었다가 천천히 내쉬면서 한 호흡당 5음절 이상 산출을 목표로 한다.

나비야 / 나비야 / 이리 날아 / 오너라

호랑나비 / 흰나비 / 춤을 추며 / 오너라

산토끼 / 토끼야 / 어디를 / 가느냐

깡충깡충 / 뛰어서 / 어디를 / 가느냐

학교종이 / 땡땡땡 / 어서 모이자

선생님이 / 우리를 / 기다리신다

떴다 떴다 비행기 / 날아라 날아라

높이 높이 날아라 / 우리 비행기

동해물과 백두산이 / 마르고 닳도록

하느님이 보우하사 / 우리나라 만세

발성
(Phonation)

1. 발성 개시

1) 속삭이면서 /ㅎ/로 시작해 /아/로 발성을 유지한다. 여러 모음과 결합하여 연습한다(예: 하, 허, 호, 흐 등).

/ ㅎ─────아───/ ➔ / ㅎ───아───/ ➔ / ㅎ─아───/ ➔ /하/

2) 속삭이면서 /ㅅ/로 시작해 /아/로 발성을 유지한다. 여러 모음과 결합하여 연습한다(예: 사, 서, 소, 스 등).

/ ㅅ─────아───/ ➔ / ㅅ───아───/ ➔ / ㅅ─아───/ ➔ /사/

3) 밀기접근법

• 의자를 당기면서 /아/ 소리를 낸다.

• 양쪽 손바닥을 맞대고 밀면서 /아/ 소리를 낸다.

• 양쪽 손바닥으로 벽을 밀면서 /아/ 소리를 낸다.

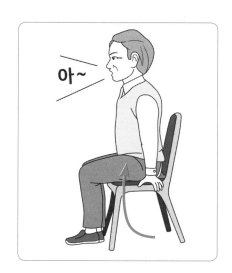

🗣 2 발성 유지

표의 기준치를 참고하여 최대연장발성 시간을 늘려 간다.

	연령	평균(초)		
		남성	여성	전체
최대 연장 발성	15-24세	15.57	14.87	15.22
	25-34세	21.77	16.20	18.98
	35-44세	20.27	18.10	19.18
	45-54세	18.67	15.47	17.07
	55-64세	19.00	15.74	17.40
	65-74세	17.71	14.02	15.80
	75세 이상	13.77	11.29	12.51

출처: 김부영(2008); 천사라(2008).

숨을 들이마시고 최대한 길게 소리를 낸다. 모음이 바뀌는 과제에서는 호흡을 끊지 않고 계속 유지한다. 만약 수행이 어려울 경우, 각 모음 당 3초씩 유지하며 연습한다.

아 ─────────────────────────────────

오 ─────────────────────────────────

이 ─────────────────────────────────

아 ──────── 이 ──────── 오 ────────

이 ──────── 우 ──────── 어 ────────

3. 강도

• 말소리를 동그라미 크기에 맞추어 점점 크게 한다. (예: 아, 우, 이, 마 등)

• 말소리를 동그라미 크기에 맞추어 점점 작게 한다. (예: 아, 애, 오, 바 등)

• 말소리를 동그라미 크기에 맞추어 크게 또는 작게 반복한다. (예: 아, 애, 오, 바 등)

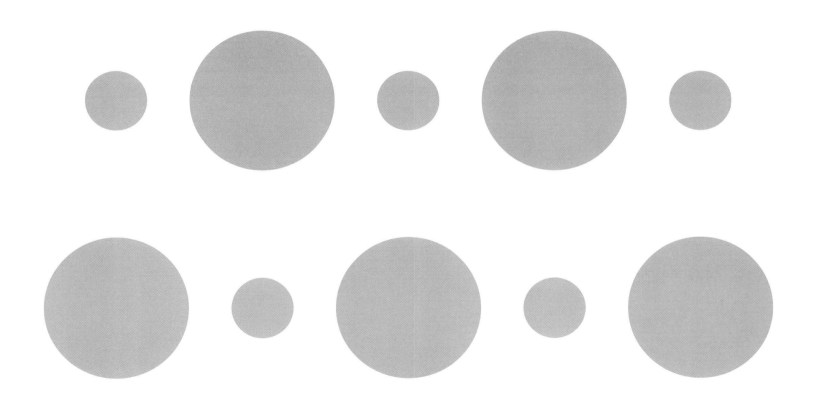

• 말소리를 점점 크게 하면서 발성한다.

아

• 말소리를 점점 작게 하면서 발성한다.

아

• 말소리를 글자 크기에 맞추어 크게 또는 작게 반복한다.

1 2 3 4 5 6 7 8 9 10

1 2 3 4 5 6 7 8 9 10

가 나 다 라 마 바 사 아

가 나 다 라 마 바 사 아

• 다음의 지시에 따라 소리 크기를 조절한다.

1) 숫자 1~10까지 소리를 점점 크게 하면서 말한다.

2) 숫자 1~5까지는 소리를 점점 크게, 6~10까지는 점점 작게 하면서 말한다.

3) 요일 '월~일'에서 '월, 수, 토'는 큰 소리로 말한다.

4) 홀수 달만 작은 소리로 말한다.

5) 영화관에서 이야기하듯, 매우 작은 목소리로 이름과 생년월일을 말한다.

6) 보청기를 끼지 않은 할머니에게, 큰 목소리로 '안녕하세요'라고 말한다.

7) '불이야 불이야'라고 큰 목소리로 말한다.

8) '도와주세요'라고 큰 목소리로 말한다.

4. 음도

 낮은 음에서 높은 음으로, 높은 음에서 낮은 음으로 활창(gliding)한다. 활창은 모든 후두 근육이 사용되기 때문에 근육 조절과 유연성을 향상시키는 데에 도움이 된다. 여러 모음으로 상승 및 하강 활창을 시도한다. (예: 아, 이, 오 등)

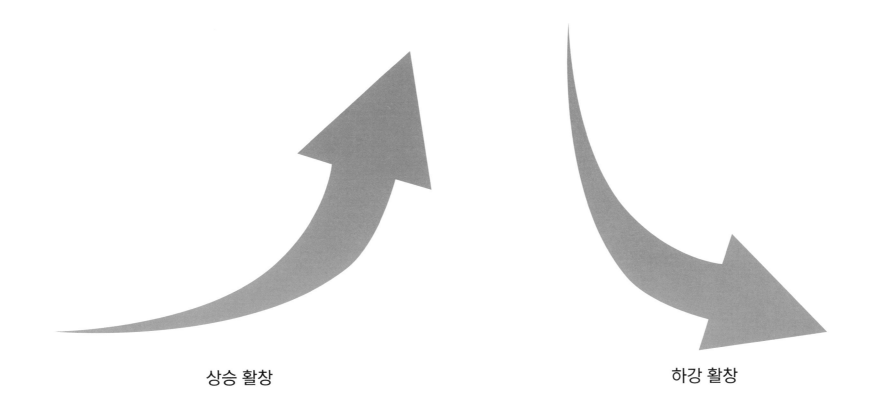

상승 활창   하강 활창

• 말소리를 음에 맞추어 음을 점점 높인다. (예: 아, 애, 미, 레 등)

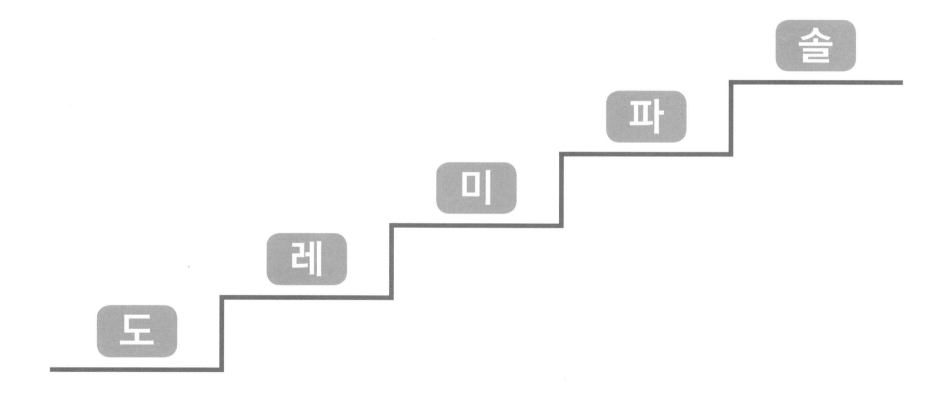

• 말소리를 음에 맞추어 음을 점점 낮춘다. (예: 오, 이, 라, 솔 등)

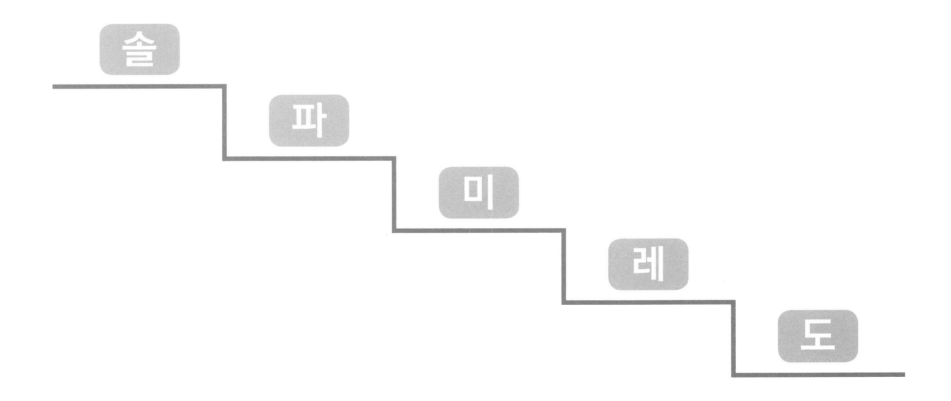

제5장

공명
(Resonance)

1. 과소비성 중재

과소비성은 비음 소리에서 비강 공명이 부족한 것을 말한다.

1) 비강 호흡

- 손가락을 코 위에 올리고 떨림을 느끼면서 /음-/ 소리를 내며 허밍한다.
- 손가락으로 한쪽 코를 누르고 /음-/ 소리를 내며 허밍한다.
- 양쪽을 번갈아 가며 연습한다.
- 노래로 허밍을 연습한다.

2) 비음으로 구성된 단어

엄마	노안	운명	낭만
이모	언니	남매	이응
마음	누나	용맹	네모
매미	나무	유모	인내
남녀	안녕	눈물	모이

3) 비음으로 구성된 문장

엄마는 누나와 만난다.

낭만이 머무는 마을에 모입니다.

어머님의 이야기에 남매는 눈물을 흘린다.

하얀 네모 안에 노란 네모를 그려요.

노란 나비가 나무에 앉았다.

왕관을 쓴 임금님이 인사한다.

엄마는 콩나물을 물에 넣는다.

여름이 되면 매미들이 맴맴 노래한다.

단무지와 햄을 많이 넣었다.

노란 은행나무 아래에 나란히 모였다.

2. 과다비성 중재

• 과다비성은 비음 소리에서 비강 공명이 너무 많은 것을 말한다.

• 비음과 구강음을 변별하는 연습을 하고 단어 및 문장에서 연습한다. 이때 콧등에 손을 대어 콧등에서의 진동 유무를 확인한다.

1) 양순 비음과 양순 파열음 변별

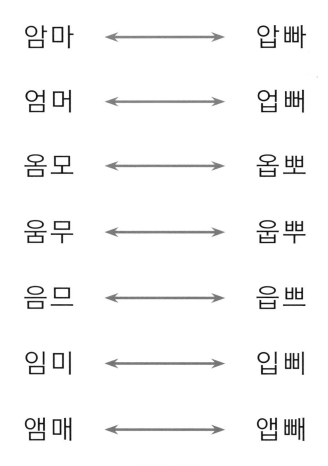

암마 ⟷	압빠
엄머 ⟷	업뻐
옴모 ⟷	옵뽀
움무 ⟷	웁뿌
음므 ⟷	읍쁘
임미 ⟷	입삐
앰매 ⟷	앱빼

2) 치경 비음과 치경 파열음 변별

안나 ⟷ 앋따

언너 ⟷ 얻떠

온노 ⟷ 옫또

운누 ⟷ 욷뚜

은느 ⟷ 읃뜨

인니 ⟷ 읻띠

앤내 ⟷ 앧때

3) 연구개 비음과 연구개 파열음 변별

앙가 ⟷ 악까

엉거 ⟷ 억꺼

옹고 ⟷ 옥꼬

웅구 ⟷ 욱꾸

응그 ⟷ 윽끄

잉기 ⟷ 익끼

앵개 ⟷ 액깨

4) 구강음과 비음 변별

바 / 마	도 / 노	파 / 마	삐 / 미
보 / 모	뽀 / 모	트 / 느	뿌 / 무
쁘 / 므	대 / 내	뻐 / 머	터 / 너
띠 / 니	비 / 미	토 / 노	패 / 매
더 / 너	배 / 매	타 / 나	떠 / 너

5) 파열음 단어

배	밥	파도	뻐꾸기
배구	기대	카드	탁구
포도	도둑	파랗다	딸기
바다	크다	굴뚝	택배
부부	아프다	커피	까맣다

6) 마찰음 단어

숲	삽	설	새
식구	새싹	가수	숯
쌀	시소	수선화	세수
호수	소리	숙제	서울
화살	버스	시계	수세미

7) 구강음 및 비음 단어

모자	그네	낭비	여기
모기	가마	나사	치마
안경	모자	푸념	뉴스
나비	너구리	수명	장마
마차	무기	충무로	위기

8) 구강음으로 구성된 문장

기차를 타고 대구에 갔다.

커피와 바게트를 사러 갔다.

첫째 주 수요일에 가족들과 밖에서 외식을 했다.

서해 바닷가에서 걷다가 조개와 거북이를 보았다.

사자가 달려들었고 뒤따라 코뿔소도 빠르게 달렸다.

바구니에 포도가 가득하다.

바다에서 철썩철썩 파도 치는 소리가 났다.

우리 오빠도 아파트에서 살고 있어요.

야외에 푸릇푸릇한 풀들이 자라고 있다.

세탁기 돌아가는 소리가 시끄럽다.

조음
(Articulation)

1. 단어

 조음평가 결과에 따라 오류가 많이 나타나는 음소 또는 발음 방법이 쉬운 음소부터 연습한다. 이때 단어, 문장, 문단, 자발화 순서로 일반화할 수 있도록 연습한다.

모음

무의미음절: 모음

이 으 우 애 어 오 아

위 외 워 웨 와 왜 의

야　여　유　얘　요

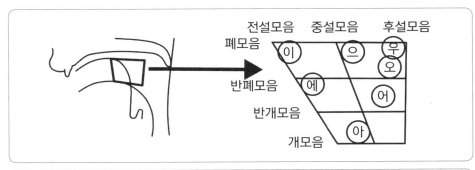

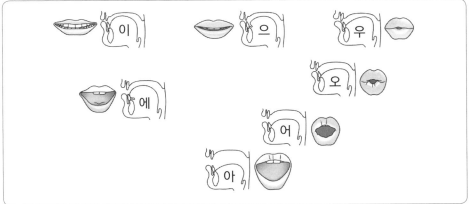

단모음

아우	아기	우리	아프다
아이	아내	아빠	어리다
오이	이마	이유	아마도
오해	우주	어부	이야기
우유	아래	아니	오르다

이중모음

왜	여우	요리	외우다
여행	외투	야외	예쁘다
기와	여름	예의	위하다
유아	여자	의사	여유롭다
위인	외식	워낙	위험하다

양순 비음 및 파열음

양순음은 두 입술이 맞닿아서 나는 음으로 /ㅁ/, /ㅂ/, /ㅃ/, /ㅍ/이 있다.

1. 양순 비음 /ㅁ/의 발음

1) 입술을 다물고 연구개를 내려 기류를 비강으로 내보내 발음하는 음이다.

2) 종성 위치에서 충분히 연습한 다음 초성을 연습한다. [음─]

2 양순 파열음 /ㅂ/의 발음

1) 입술을 다물고 구강 안에 잠시 공기를 가두었다가 살짝 터뜨려 발음하는
   음이다.

2) [브─] 소리를 내면서 손등이나 휴지를 입 가까이 대어 바람이 나오는 것
   을 느낀다.

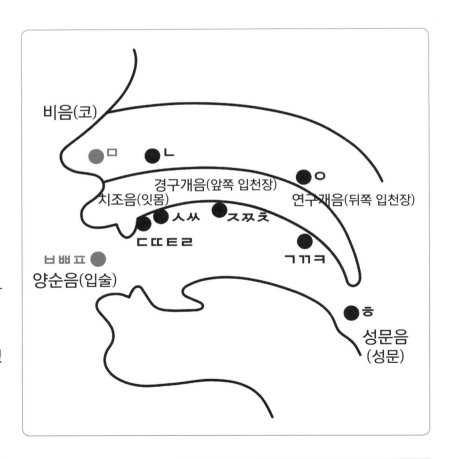

3. 양순 파열음 /ㅃ/의 발음

1) 입술을 다물고 구강 안에 잠시 공기를 가두었다가 /ㅂ/보다 긴장시키며 살짝 터뜨려 발음하는 음이다.

2) 볼 부풀리기 훈련을 통하여 연인두 폐쇄를 촉진시켜 구강압을 증진한다. [압－빠]

4. 양순 파열음 /ㅍ/의 발음

1) 입술을 다물고 구강 안에 잠시 공기를 가두었다가 세게 터뜨려 발음하는 음이다.

2) [프] 소리를 내면서 손등이나 종이를 입 가까이 대어 바람이 많이 나오는 것을 느낀다.

무의미음절: 양순음

암마 엄머 옴모 움무 음므 임미 앰매

암 엄 옴 움 음 임 앰

마 머 모 무 므 미 매

아마 어머 오모 우무 으므 이미 애매

무의미음절: 양순음

압바 업버 옵보 웁부 읍브 입비 앱배

압　업　옵　웁　읍　입　앱

바　버　보　부　브　비　배

아바 어버 오보 우부 으브 이비 애배

무의미음절: 양순음

파 퍼 포 푸 프 피 패

아파 어퍼 오포 우푸 으프 이피 애패

빠 뻐 뽀 뿌 쁘 삐 빼

아빠 어뻐 오뽀 우뿌 으쁘 이삐 애빼

어두초성 양순 비음 /ㅁ/

맛	메론	면허증	미안하다
물	머리	모퉁이	만리장성
몸	모기	문화제	마그네슘
면	마음	미식가	머리카락
문	메밀	마시다	모나리자

어중초성 양순 비음 /ㅁ/

나무	유망	어머니	지느러미
매미	질문	식물원	오래간만
반말	구멍	마지막	훈민정음
조명	묘목	원주민	동그라미
남매	전망	흙먼지	바람막이

어말종성 양순 비음 /ㅁ/

감	아침	먹구름	가전제품
봄	거품	도마뱀	감자튀김
점	현금	화장품	프로그램
햄	성함	편의점	팔자걸음
남	모임	잠수함	터줏대감

어중종성 양순 비음 /ㅁ/

엄마	감자	그림자	심심하다
점심	냄새	저금통	바람개비
염소	담장	올림픽	고슴도치
음식	김치	곰팡이	살금살금
침대	남자	음료수	깜깜하다

어두초성 양순 파열음 /ㅂ/

배	바다	비둘기	보물단지
밥	빙하	부침개	바다표범
불	베개	바나나	부귀영화
빗	벌레	보고서	반딧불이
벌	박수	불국사	배웅하다

어중초성 양순 파열음 /ㅂ/

두부	냉방	우체부	대표번호
제비	부부	거북이	단발머리
양반	이별	아버지	오토바이
해변	내부	청바지	안전벨트
이발	속보	책가방	스케치북

어말종성 양순 파열음 /ㅂ/

탑	서랍	비빔밥	고무장갑
컵	김밥	고혈압	인공호흡
앞	장갑	초가집	동문서답
숲	무릎	종이컵	오두막집
입	낙엽	월드컵	엄지손톱

어중종성 양순 파열음 /ㅂ/

곱셈	갚다	구급차	술래잡기
껍질	숲길	서랍장	엎드리다
입술	압정	입장권	종합병원
접다	팝콘	갑자기	잡동사니
깊다	잡채	앞치마	헬리콥터

어두초성 양순 파열음 /ㅃ/

빵	빨래	뻥튀기	빠듯하다
뿔	뺄셈	뽐내다	뾰족구두
뺨	뿌리	빨간색	빠른우편
뼈	뻗다	삐치다	뿌리채소
뺨	빵점	뺑소니	삐약삐약

어중초성 양순 파열음 /ㅃ/

고삐	뽀뽀	바쁘다	삐쭉삐쭉
아빠	흠뻑	코뿔소	뻔뻔하다
이빨	호빵	예쁘다	뻑뻑하다
기쁨	듬뿍	빼빼로	제비뽑기
오빠	손뼉	곱빼기	삐뚤빼뚤

어두초성 양순 파열음 /ㅍ/

파	품다	피서객	푸짐하다
표	포도	표준어	파프리카
피	평균	팥빙수	포크레인
풀	피부	파란색	피곤하다
팔	편지	팔다리	펄럭이다

어중초성 양순 파열음 /ㅍ/

양파	세포	휴대폰	일회용품
투표	송편	테이프	지푸라기
하품	폭포	선풍기	스파게티
소풍	지폐	어차피	단풍나무
계피	샴푸	특파원	프라이팬

치경 비음 및 파열음

치경음은 혀끝과 윗잇몸이 닿아서 나는 음으로 /ㄴ/, /ㄷ/, /ㄸ/, /ㅌ/이 있다.

1. 치경 비음 /ㄴ/의 발음

1) 입술은 열린 상태로 혀끝을 윗니에 붙이고 기류를 비강으로 내보내어 발음하는 음이다.
2) [느ㅡ] 소리를 내면서 손을 코나 뺨에 대어 울림을 느낀다.
3) 종성 위치에서 충분히 연습한 다음 초성을 연습한다. [안ㅡ느]

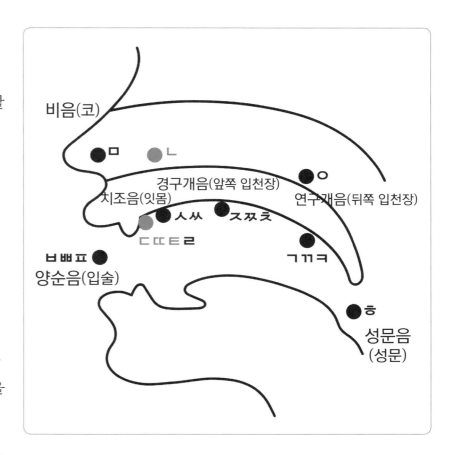

2. 치경 파열음 /ㄷ/의 발음

1) 혀끝을 윗니에 붙이고 공기를 잠시 가두었다가 터뜨려 발음하는 음이다.
2) [드] 소리를 내면서 손등이나 종이를 입 가까이 대어 바람이 나오는 것을 느낀다.

👤 3. 치경 파열음 /ㄸ/의 발음

1) 혀끝을 윗니에 붙이고 공기를 잠시 가두었다가 /ㄷ/보다 긴장시키며 살짝 터뜨려 발음하는 음이다.

2) [뜨] 소리를 내면서 손등이나 종이를 입 가까이 대어 바람이 나오는 것을 느낀다.

👤 4. 치경 파열음 /ㅌ/의 발음

1) 혀끝을 윗니에 붙이고 공기를 잠시 가두었다가 세게 터뜨려 발음하는 음이다.

2) [트] 소리를 내면서 손등이나 종이를 입 가까이 대어 바람이 많이 나오는 것을 느낀다.

무의미음절: 치경음

안나 언너 온노 운누 은느 인니 앤내

안　언　온　운　은　인　앤

나　너　노　누　느　니　내

아나 어너 오노 우누 으느 이니 애내

무의미음절: 치경음

앝다 얻더 옫도 욷두 읃드 읻디 앧대

앝   얻   옫   욷   읃   읻   앧

다   더   도   두   드   디   대

아다 어더 오도 우두 으드 이디 애대

무의미음절: 치경음

따　떠　또　뚜　뜨　띠　때

아따　어떠　오또　우뚜　으뜨　이띠　애때

타　터　토　투　트　티　태

아타　어터　오토　우투　으트　이티　애태

어두초성 치경 비음 /ㄴ/

나	네모	너구리	높이뛰기
눈	노래	냉장고	낭떠러지
너	날씨	놀이터	내리막길
늪	나비	눈사람	농구선수
낮	늑대	나침반	넘어지다

어중초성 치경 비음 /ㄴ/

그네	바늘	장난감	하모니카
저녁	막내	한글날	고장나다
배낭	선녀	어느새	피노키오
안녕	안내	소나기	비눗방울
누나	비누	개나리	남녀노소

어말종성 치경 비음 /ㄴ/

돈	당근	리모컨	왜냐하면
선	거인	도서관	텔레비전
원	생선	오백원	두근두근
천	동전	표지판	천진난만
반	칭찬	여러분	카네이션

어중종성 치경 비음 /ㄴ/

간식	천둥	가운데	아나운서
진주	운전	노른자	세면도구
흰색	분식	오른쪽	간지럽다
반지	춘천	천천히	튼튼하다
언니	한자	오렌지	전자레인지

어두초성 치경 파열음 /ㄷ/

달	도시	대통령	대기만성
돛	단추	두루미	대한민국
뒤	돼지	대학교	덤프트럭
등	대답	달리기	대중교통
돌	동굴	돌고래	두드리다

어중초성 치경 파열음 /ㄷ/

호두	소독	태권도	줄다리기
가득	유도	인디언	다다익선
바닥	어디	자동차	횡단보도
기둥	성당	신호등	독립운동
붕대	감독	계산대	반딧불이

어말종성 치경 파열음 /ㄷ/

낮	그릇	인터넷	송이버섯
빗	잘못	초콜릿	진달래꽃
밑	햇빛	가마솥	유리그릇
옷	티켓	호박엿	개나리꽃
뜻	이웃	매운맛	느타리버섯

어중종성 치경 파열음 /ㄷ/

같다	벗다	받치다	낯가리다
낱개	있다	젓가락	숯불고기
옷장	믿다	겉절이	울긋불긋
밑창	걷다	햇과일	헛걸음질
팥죽	솟다	돗자리	헷갈리다

어두초성 치경 파열음 /ㄸ/

땀	뛰다	딸꾹질	띄어쓰기
떡	땅콩	뜨겁다	떨어지다
띠	딸기	떡볶이	딱정벌레
뜸	뚜껑	뙤약볕	뜨개바늘
딸	뜯다	땅거미	딱지치기

어중초성 치경 파열음 /ㄸ/

굴뚝	섬뜩	허리띠	뚱뚱하다
으뜸	알뜰	별똥별	큰따옴표
맏딸	갈등	산딸기	헐레벌떡
뒤뜰	팔뚝	부뚜막	딱따구리
진땀	호떡	메뚜기	떨떠름하다

어두초성 치경 파열음 /ㅌ/

탈	태풍	탐사선	탄탄대로
통	터널	태극기	탑승구역
터	택시	토요일	틈새시장
토	탁구	트로피	태백산맥
털	토시	토마토	토닥거리다

어중초성 치경 파열음 /ㅌ/

사탕	발톱	울타리	미끄럼틀
버터	낙타	아파트	타이타닉
기타	깡통	세탁기	티격태격
교통	봉투	넥타이	쓰레기통
선택	커튼	산사태	비상사태

치경 유음

1. 치경 유음 /ㄹ/ 발음

1) 연구개로 콧길을 막고 혀끝을 윗니 뒤에 대고 경구개 쪽으로 말아 올렸
   다가 살짝 퉁기며 내는 음이다.

2) 설측음인 종성 /ㄹ/를 먼저 연습한다. [알, 알라]

3) 다음으로 탄설음인 초성 /ㄹ/를 연습한다. [라, 아라]

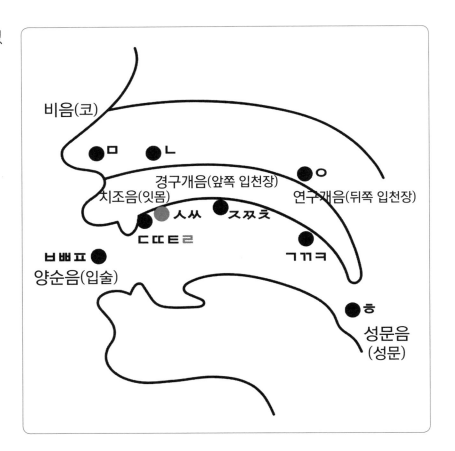

무의미음절: 치경 유음

알라 얼러 올로 울루 으르 일리 앨래

알　얼　올　울　을　일　앨

라　러　로　루　르　리　래

아라 어러 오로 우루 으르 이리 애래

어두초성 치경 유음 /ㄹ/

레몬	렌즈	립스틱	로마숫자
라면	린스	레이저	롤케이크
로켓	리듬	리포터	러닝머신
리본	로션	루돌프	롤러코스터
레저	럭비	러시아	레모네이드

어중초성 치경 유음 /ㄹ/

모래	구름	개구리	드라이어
첼로	볼링	고릴라	알레르기
고래	기름	사다리	거스름돈
기린	미리	숟가락	바이러스
걸레	사랑	요리사	물리치료사

어말종성 치경 유음 /ㄹ/

밀	거실	미용실	타지마할
절	산불	용수철	어제오늘
볼	수술	화요일	형사처벌
줄	아들	양치질	쓰레기배출
알	동물	금메달	결혼기념일

어중종성 치경 유음 /ㄹ/

빌딩	알밤	할머니	발전하다
물감	설날	갈매기	애걸복걸
꿀벌	살구	슬리퍼	밀짚모자
발목	결제	물방울	열쇠고리
골목	갈대	발꿈치	블라우스

치경 마찰음

좁혀진 조음기관 사이로 공기가 나오면서 마찰하여 나는 소리로 /ㅅ/, /ㅆ/이 여기에 속한다.

1. 치경 마찰음 /ㅅ/ 발음

1) 혀끝을 아랫니에 댄 채, 혀 앞부분을 윗잇몸 가까이 접근시켜서 잇몸과 혓바닥 사이의 좁은 틈을 만들어 거기에서 공기를 마찰시켜 내는 음이다.
2) 빨대를 혓바닥 위의 정중면에 놓고 [스] 소리를 내도록 한다.
3) 구개음화된 /쉬/ 혹은 /시/ 소리부터 연습하는 것이 쉽다.

2 치경 마찰음 /ㅆ/ 발음

1) 혀끝을 아랫니에 댄 채, 혀 앞부분을 윗잇몸 가까이 접근시켜서 잇몸과 혓바닥 사이의 좁은 통로로 공기가 마찰되어 나올 때 나는 소리로 /ㅅ/ 보다 숨을 더 세게 내쉰다.
2) 빨대를 혓바닥 위의 정중면에 놓고 [쓰] 소리를 내도록 한다.

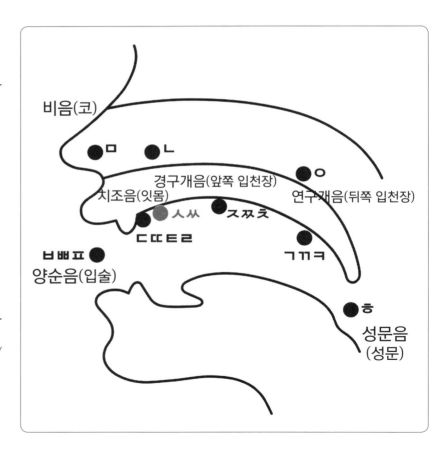

무의미음절: 치경 마찰음

사　서　소　수　스　시　새

아사　어서　오소　우수　으스　이시　애새

싸　써　쏘　쑤　쓰　씨　쌔

아싸　어써　오쏘　우쑤　으쓰　이씨　애쌔

어두초성 치경 마찰음 /ㅅ/

산	소금	소방차	산봉우리
새	생일	샐러드	신데렐라
소	사다	삼키다	성취하다
성	신부	선인장	스프레이
손	수리	사각형	소곤대다

어중초성 치경 마찰음 /ㅅ/

가수	탄생	화장실	고속도로
미술	시소	경사로	동서남북
전세	향수	교과서	시시비비
세수	기상	귀금속	수색하다
구식	생선	주사위	수상하다

어두초성 치경 마찰음 /ㅆ/

쌀	씨앗	쌍둥이	쓰러지다
쑥	싸움	쓰레기	썰렁하다
씨	쓰다	쑤시다	쌔근대다
싹	씨름	쌍꺼풀	쑥덕대다
쌍	쐬다	싹트다	쓰담쓰담

어중초성 치경 마찰음 /ㅆ/

글씨	주스	눈싸움	이쑤시개
새싹	맵쌀	비싸다	쌀쌀하다
택시	날씨	옥수수	말썽쟁이
버스	말씀	경찰서	받아쓰기
박수	눈썹	아저씨	안쓰럽다

경구개 파찰음

혀의 가운데 부분과 경구개 사이에서 나는 소리로 /ㅈ/, /ㅉ/, /ㅊ/가 여기에 속한다.

1. 경구개 파찰음 /ㅈ/ 발음

1) 혀 가운데 부분을 경구개에 대고, 공기를 인두에 잠깐 가두었다가 혀를 경구개에서 떼고 /ㅅ/와 비슷한 마찰음을 낸다.

2) 혀를 경구개에 대며 [ㄷ+이] → [지] 소리를 내도록 한다.

2. 경구개 파찰음 /ㅉ/ 발음

1) 혀 가운데 부분을 경구개에 대고, 공기를 인두에 잠깐 가두었다가 혀를 경구개에서 떼면서 긴장시켜 터뜨린다.

2) 혀 가운데 부분을 경구개에 대고 혀 차기를 수행하게 한다. [쯧쯧쯧]

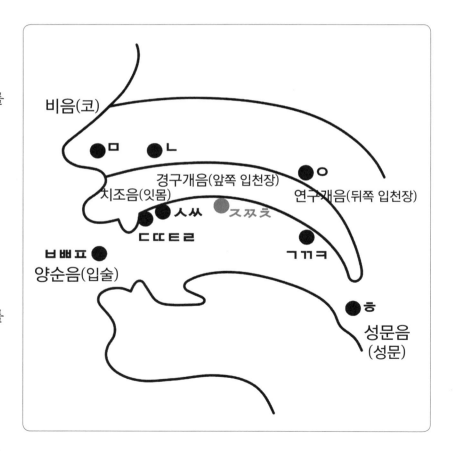

3. 경구개 파찰음 /ㅊ/ 발음

1) 혀 가운데 부분을 경구개에 대고, 공기를 인두에 가두어 압축시켰다가 혀를 조금 떼면서 세게 터뜨린다.

2) 이때 손등이나 종이를 대어 /ㅈ/보다 바람이 많이 나오는 것을 느낀다.

무의미음절: 파찰음

자　저　조　주　즈　지　재

아자　어저　오조　우주　으즈　이지　애재

짜　쩌　쪼　쭈　쯔　찌　째

아짜　어쩌　오쪼　우쭈　으쯔　이찌　애째

차　처　초　추　츠　치　채

아차　어처　오초　우추　으츠　이치　애채

어두초성 경구개 파찰음 /ㅈ/

잠	전구	지리산	죄송하다
죽	작다	주머니	좋아하다
적	자리	줄넘기	잡동사니
쥐	재료	자르다	지피지기
점	줍다	즐기다	정형외과

어중초성 경구개 파찰음 /ㅈ/

휴지	계절	보조개	민주주의
사자	전쟁	지중해	아주머니
가족	서점	던지다	모자이크
사진	상자	포장지	거절하다
제자	지진	주차장	재잘거리다

어두초성 경구개 파찰음 /ㅉ/

짝	짜증	찌꺼기	짜파게티
찜	찌개	쨍그랑	쫓아가다
쪽	쪽지	찜질방	찌푸리다
짬	짧다	쪼개다	쭈그리다
잼	찍다	찌르다	쩌렁쩌렁

어중초성 경구개 파찰음 /ㅉ/

공짜	짹짹	갈비찜	아찔하다
팔찌	가짜	소쩍새	김치찌개
왼쪽	깜짝	언짢다	산골짜기
일찍	날짜	어쩌다	옴짝달싹
반쪽	부쩍	오른쪽	우쭐대다

어두초성 경구개 파찰음 /ㅊ/

차	청소	초록색	초코파이
초	치약	차이점	창피하다
침	축구	초인종	추근대다
책	출발	치우다	초등학교
철	채소	차갑다	초가지붕

어중초성 경구개 파찰음 /ㅊ/

후추	상처	유리창	고슴도치
반칙	진찰	시금치	도시철도
기차	가축	우체국	색칠하다
망치	사촌	구급차	샌드위치
삼촌	녹차	만화책	사면초가

연구개 비음 및 파열음

혀의 뒷부분과 연구개 사이에서 나는 소리로 /ㄱ/, /ㄲ/, /ㅋ/, /ㅇ/이 여기에 속한다.

1. 연구개 비음 /ㅇ/ 발음

1) 혀의 뒷부분을 연구개에 댄 상태에서 비강을 통해 공기를 내보내면서 발음하는 음이다.

2) 혀의 끝을 아랫니 뒤에 대고 [응-] 소리를 내면서 손가락을 콧등에 대고 울림을 느낀다.

2 연구개 파열음 /ㄱ/ 발음

1) 혀의 뒷부분은 연구개에 닿도록 올리고, 공기를 인두에 잠시 가두어 압축시켰다가 혀 뒷부분을 연구개에서 급히 떼면서 숨을 터트려 발음하는 음이다.

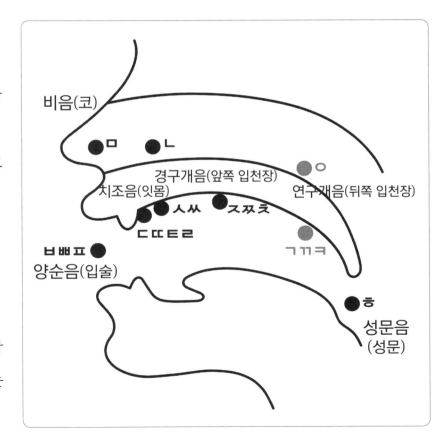

2) 가글링, 코골기 연습 등을 통해 연습한다.

🗣 3. 연구개 파열음 /ㄲ/ 발음

1) 혀의 뒷부분은 연구개에 닿도록 올리고, 공기를 인두에 잠시 가두어 압축시켰다가 조음기관을 긴장시켜 터뜨려 발음하는 음이다.

2) 가글링, 코골기 연습 등을 통해 연습한다.

🗣 4. 연구개 파열음 /ㅋ/ 발음

1) 혀의 뒷부분은 연구개에 닿도록 올리고, 공기를 인두에 잠시 가두어 압축시켰다가 거세게 터뜨려 발음하는 음이다.

2) 가글링, 코골기 연습 등을 통해 연습한다.

무의미음절: 연구개음

악가 억거 옥고 욱구 으그 익기 액개
악 억 옥 욱 으 익 액

가 거 고 구 그 기 개
아가 어거 오고 우구 으그 이기 애개

까 꺼 꼬 꾸 끄 끼 깨
아까 어꺼 오꼬 우꾸 으끄 이끼 애깨

무의미음절: 연구개음

카 커 코 쿠 크 키 캐

아카 어커 오코 우쿠 으크 이키 애캐

앙가 엉거 옹고 웅구 응그 잉기 앵개

앙 엉 옹 웅 응 잉 앵

어두초성 연구개 파열음 /ㄱ/

곰	권투	그래서	겨드랑이
공	군인	공휴일	교통카드
강	귀신	고양이	가난하다
글	거미	금요일	그러니까
귤	가위	경호원	개과천선

어중초성 연구개 파열음 /ㄱ/

수건	연고	비행기	차곡차곡
번개	생각	무지개	내려가다
세균	달걀	무궁화	분리수거
날개	고기	형광등	두근두근
시간	가격	자판기	해바라기

어말종성 연구개 파열음 /ㄱ/

목	미역	동화책	영화감독
턱	도둑	건널목	경국지색
역	수박	수영복	지하철역
약	공책	발자국	위치추적
북	새벽	도시락	박학다식

어중종성 연구개 파열음 /ㄱ/

국자	석탄	목도리	해수욕장
벽돌	적군	꼭대기	수도꼭지
숙제	백조	색종이	숨바꼭질
낚시	약국	수박씨	산꼭대기
악수	곡식	복숭아	주택청약

어두초성 연구개 파열음 /ㄲ/

깨	꽃잎	껍데기	꼭두새벽
껌	깎다	꼬집다	꼬드기다
꿀	끊다	까마귀	끼어들다
끈	깻잎	꽃다발	까칠하다
꿩	꼬리	꺼내다	까무러치다

어중초성 연구개 파열음 /ㄲ/

가끔	악기	목걸이	부끄럽다
조끼	배꼽	가까이	깨끗하다
함께	꽃게	옷걸이	불꽃놀이
바깥	토끼	두껍다	미꾸라지
치과	탁구	바꾸다	손톱깎이

어두초성 연구개 파열음 /ㅋ/

코	커피	카메라	카리스마
키	캐다	컴퓨터	커다랗다
칼	크다	캐나다	크레파스
컵	키위	콩나물	코스모스
콩	콜라	코끼리	크리스마스

어중초성 연구개 파열음 /ㅋ/

바퀴	실컷	싱크대	드라큘라
포크	쿠키	마스크	아프리카
불쾌	물컵	스티커	유쾌하다
수컷	탱크	에어컨	날카롭다
스키	암컷	마이크	아이스크림

어말종성 연구개 비음 /ㅇ/

강	식빵	모래성	레스토랑
왕	인형	휴지통	테니스장
병	곤충	주인공	만수무강
종	안경	완두콩	일취월장
땅	노랑	축구장	교감신경

어중종성 연구개 비음 /ㅇ/

빙수	창문	강아지	동상이몽
양말	장군	정수기	운동선수
앵두	정보	수영장	강조하다
장화	성공	방망이	인천공항
충치	낭비	병아리	공인중개사

성문 마찰음

1. 성문 마찰음 /ㅎ/ 발음

1) 성대를 막거나 마찰 시켜서 발음하는 소리이다.

2) 손바닥 위에 입김을 내며 바람을 느끼게 하여 소리를 인식시킨다. [하—]

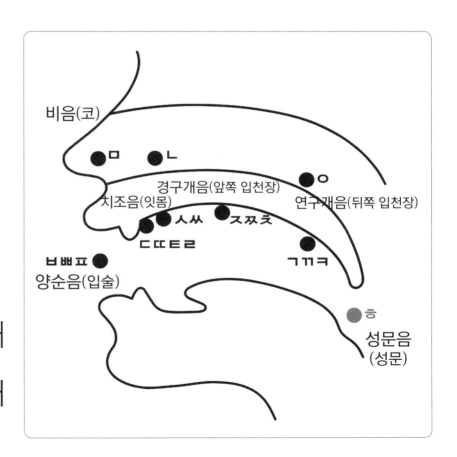

무의미음절: 성문 마찰음

하 　허 　호 　후 　흐 　히 　해

아하 어허 오호 우후 으흐 이히 애해

어두초성 성문 마찰음 /ㅎ/

해	홍수	하지만	한가하다
화	한숨	한의원	허리케인
형	하늘	호랑이	허수아비
흙	호박	한가위	휘어잡다
향	허리	휴게소	호주머니

어중초성 성문 마찰음 /ㅎ/

고향	수학	보호자	훌라후프
우화	방향	소화기	위험하다
교회	새해	서해안	호가호위
어항	시험	환하다	조용하다
여행	공항	제헌절	해외여행

초성 양순 비음 /ㅁ/

물
시원한 물
냉장고에 시원한 물이 있다.

목
목이 긴 기린
저기 목이 긴 기린을 보았니?

마늘
매운 마늘
마늘을 장바구니에 담았어요.

초성 양순 비음 /ㅁ/

나무
울창한 나무
나무 그늘에서 잠깐 쉬었다 가자.

조명
희미한 조명
어제부터 조명이 희미하네.

어머니
그리운 어머니
그리운 어머니께 연락을 드렸다.

초성 양순 비음 /ㅁ/

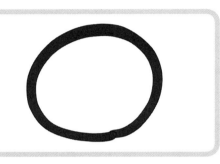

동그라미
파란 동그라미
스케치북에 파란 동그라미를 그려요.

무당벌레
꽃에 앉은 무당벌레
무당벌레가 꽃에 앉았습니다.

나뭇가지
흔들리는 나뭇가지
바람에 나뭇가지가 흔들린다.

종성 양순 비음 /ㅁ/

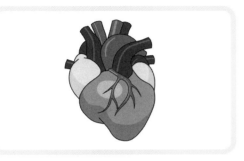

심장

튼튼한 심장

갑자기 심장이 뛰기 시작했습니다.

김치

아삭한 김치

어머니께서 담근 김치가 아삭하다.

침대

푹신한 침대

이만 자려고 침대에 누웠다.

종성 양순 비음 /ㅁ/

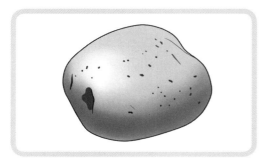

감자

못생긴 감자

밭에서 감자를 캤어요.

음료수

시원한 음료수

자판기에서 시원한 음료수를 뽑았다.

올림픽

4년마다 열리는 올림픽

올림픽에 출전하기 위해 열심히 훈련했다.

초성 양순 파열음 /ㅂ/

밥

맛있는 밥

지금 밥 먹으러 갈래?

배

잘 익은 배

마트에서 배를 사오너라.

바다

드넓은 바다

드넓은 바다를 항해한다.

초성 양순 파열음 /ㅂ/

제비
하늘을 나는 제비
제비가 씨를 물어다 주었어.

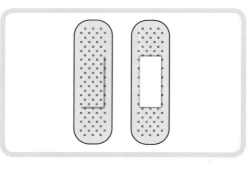

반창고
약국에서 산 반창고
약국에서 반창고를 산다.

바나나
노란 바나나
바나나가 노랗게 익었다.

초성 양순 파열음 /ㅂ/

아버지
든든한 아버지
든든한 아버지에게 의지한다.

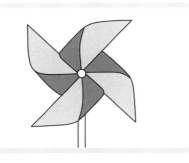

바람개비
돌아가는 바람개비
바람개비가 바람에 돌아가네.

오토바이
달리는 오토바이
길에서 오토바이를 조심하세요.

종성 양순 파열음 /ㅂ/

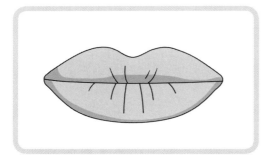

입술

앵두 같은 입술

동생의 입술은 앵두처럼 빨갛다.

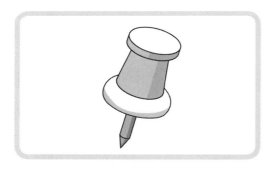

압정

뽀족한 압정

압정으로 게시물을 고정시켰다.

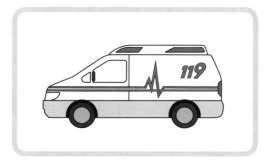

구급차

달리는 구급차

밖에서 구급차 사이렌 소리가 들린다.

종성 양순 파열음 /ㅂ/

앞치마
새로 산 앞치마
그 앞치마는 새로 산 것입니까?

잡채
맛있는 잡채
잡채가 먹음직스러워 보이네요.

랍스터
커다란 랍스터
저녁으로 랍스터를 주문했어.

초성 양순 파열음 /ㅃ/

빵

맛있는 빵

빵가게에서 빵을 사요.

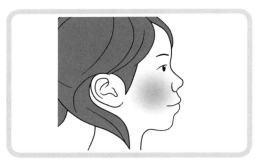

뺨

붉은 뺨

운동을 했더니 뺨이 붉게 달아올랐다.

빨대

종이로 만든 빨대

종이로 만든 빨대를 사용하세요.

초성 양순 파열음 /ㅃ/

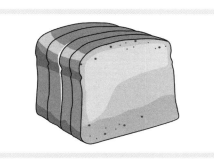

식빵
부드러운 식빵
식빵 냄새가 솔솔 풍긴다.

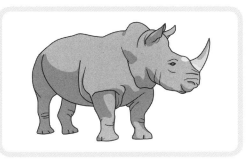

코뿔소
들판을 달리는 코뿔소
코뿔소가 들판을 달린다.

올빼미
올빼미 울음소리
산에서 올빼미 울음소리가 들려요.

초성 양순 파열음 /ㅍ/

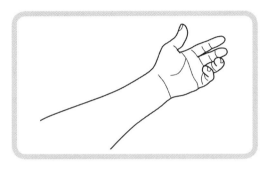

팔

다친 팔

부딪혀서 팔을 다쳤어요.

포도

씨가 있는 포도

포도밭에서 포도를 딴다.

양파

양파 껍질

어머니께서 양파 껍질을 벗긴다.

초성 양순 파열음 /ㅍ/

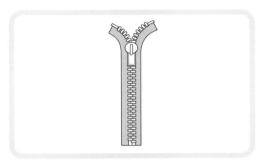

지퍼
부드러운 지퍼
추워서 지퍼를 잠궜다.

피아노
아름다운 피아노 소리
그는 세계적인 피아노 연주가이다.

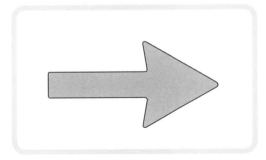

화살표
오른쪽 화살표
노란 화살표를 따라 가세요.

초성 양순 파열음 /ㅍ/

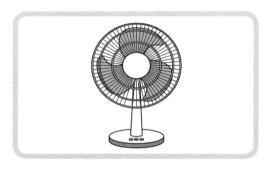

선풍기

오래된 선풍기

오래된 선풍기를 새 것으로 바꾸세요.

프라이팬

넓적한 프라이팬

프라이팬에 파전을 구워요.

강아지풀

들에 핀 강아지풀

들에 핀 강아지풀이 싱그럽다.

초성 치경 비음 /ㄴ/

눈
하얀 눈
하늘에서 하얀 눈이 내린다.

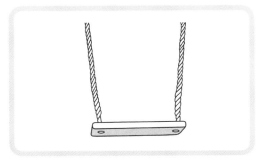

그네
신나는 그네
놀이터에 그네를 타러 가자.

나비
노란 나비
노란 나비가 꽃에 앉았네.

초성 치경 비음 /ㄴ/

콩나물
길쭉한 콩나물
집에서 콩나물을 키웠어요.

나뭇잎
단풍이 든 나뭇잎
단풍이 든 나뭇잎이 예쁘다.

눈사람
커다란 눈사람
아이들이 커다란 눈사람을 만들었다.

초성 치경 비음 /ㄴ/

놀이터

소란스러운 놀이터

놀이터에서 어린이의 웃음소리가 들린다.

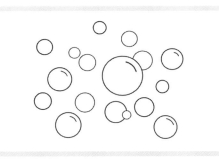

비눗방울

동글동글한 비눗방울

비눗방울이 톡톡거리며 터진다.

피노키오

코가 긴 피노키오

거짓말을 한 피노키오의 코가 길다래졌다.

종성 치경 비음 /ㄴ/

반지

세련된 반지

새로 산 반지를 손가락에 끼웠다.

오렌지

나무에 달린 오렌지

오렌지가 아직 덜 익었어요.

만두

커다란 만두

커다란 만두 세 개를 쪘다.

종성 치경 비음 /ㄴ/

간식
직접 만든 간식
제가 만든 간식을 먹어 보세요.

운동선수
훌륭한 운동선수
훌륭한 운동선수가 되겠습니다.

아나운서
성실한 아나운서
아나운서가 생중계를 하고 있다.

초성 치경 파열음 /ㄷ/

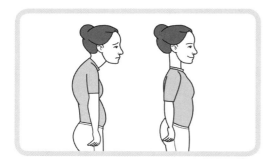

등
굽은 등
굽을 등을 펴기 위해 스트레칭을 한다.

달
밝은 달
하늘에 뜬 보름달을 봤니?

호두
딱딱한 호두
호두는 뇌 건강에 좋아요.

초성 치경 파열음 /ㄷ/

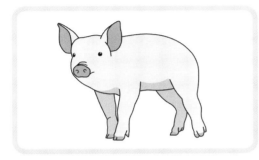

돼지
농장의 돼지
삼촌은 농장에서 돼지를 키우신다.

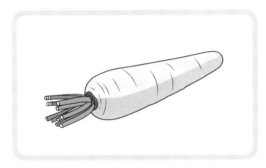

당근
건강에 좋은 당근
당근은 건강에 좋습니다.

대나무
대나무로 만든 부채
이 부채는 대나무로 만들었다.

초성 치경 파열음 /ㄷ/

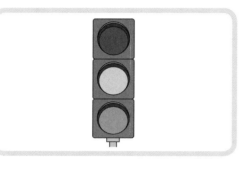

신호등

삼색 신호등

신호등을 잘 보고 길을 건너세요.

돋보기

두꺼운 돋보기

우리는 식물을 돋보기로 관찰했다.

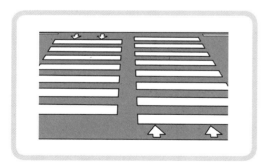

횡단보도

보행자를 위한 횡단보도

길을 건널 때는 횡단보도로 건너세요.

종성 치경 파열음 /ㄷ/

갯벌

광활한 갯벌

썰물이 빠지면서 갯벌이 드러났다.

깃발

펄럭이는 깃발

바람이 불어오니 깃발이 펄럭인다.

벚꽃

활짝 핀 벚꽃

봄에는 전국에서 벚꽃축제가 열린다.

종성 치경 파열음 /ㄷ/

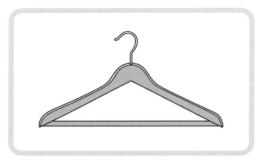

옷걸이
하얀 옷걸이
외투를 하얀 옷걸이에 걸었다.

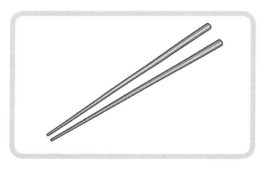

젓가락
젓가락 한 쌍
젓가락으로 반찬을 집어서 먹는다.

팥빙수
시원한 팥빙수
여름에 팥빙수를 빼놓을 수 없지.

초성 치경 파열음 /ㄸ/

땀
이마에 흐르는 땀
이마에 흐르는 땀을 닦았다.

굴뚝
까만 굴뚝
굴뚝에서 까만 연기가 나온다.

딸기
달콤한 딸기
제가 가장 좋아하는 과일은 딸기입니다.

초성 치경 파열음 /ㄸ/

호떡
길에서 파는 호떡
학교 앞 길거리에서 호떡을 판다.

별똥별
떨어지는 별똥별
어젯밤에 별똥별을 봤니?

딱따구리
숲속의 딱따구리
딱따구리는 깊은 산속에 산다.

초성 치경 파열음 /ㅌ/

탑

기념으로 세운 탑

저 탑은 500년 전에 세워진 탑이에요.

탁구

둘이서 치는 탁구

저녁에 탁구를 치러 갈 거예요.

택시

편리한 택시

거기까지 택시를 타고 갑시다.

초성 치경 파열음 /ㅌ/

깃털

가벼운 깃털

깃털은 가볍고 부드럽다.

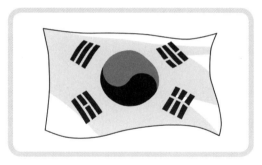

태극기

우리나라 태극기

태극기는 대한민국의 국기입니다.

넥타이

파란 넥타이

생신 선물로 파란 넥타이를 샀어요.

초성 치경 파열음 /ㅌ/

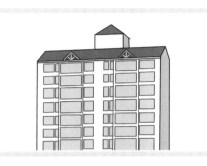

아파트
튼튼한 아파트
건설사에서 튼튼한 아파트를 짓고 있다.

배드민턴
재미있는 배드민턴
휴일마다 공원에서 배드민턴을 쳤다.

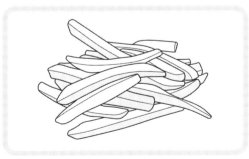

감자튀김
맛있는 감자튀김
햄버거와 감자튀김을 주문했어요.

초성 치경 유음 /ㄹ/

꼬리

강아지 꼬리

강아지가 꼬리를 살랑살랑 흔든다.

고래

헤엄치는 고래

저기 헤엄치는 고래가 있어요.

라면

맛있는 라면

라면을 맛있게 끓여 주세요.

초성 치경 유음 /ㄹ/

레몬
노란 레몬
노란 레몬을 바구니에 담습니다.

공룡
거대한 공룡
공룡은 오래전에 멸종되었다.

리모컨
사라진 리모컨
리모컨이 어디에 있는지 아니?

초성 치경 유음 /ㄹ/

병아리

귀여운 병아리

병아리가 삐약삐약 운다.

머리카락

부드러운 머리카락

머리카락을 뒤로 쓸어 넘기다.

포크레인

공사장에 있는 포크레인

포크레인을 동원하여 복구 작업에 나섰다.

종성 치경 유음 /ㄹ/

날개

우아한 날개

백조가 우아한 날개를 활짝 폈다.

벌레

기어가는 벌레

벌레 한 마리가 꿈틀꿈틀 기어간다.

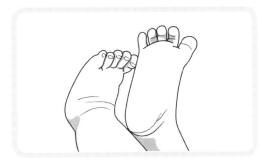

발가락

작은 발가락

아기가 작은 발가락을 꼼지락거린다.

종성 치경 유음 /ㄹ/

열쇠고리

예쁜 열쇠고리

일본에서 기념품으로 열쇠고리를 샀어요.

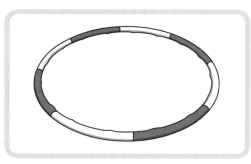

훌라후프

재미있는 훌라후프

동생이 신나게 훌라후프를 돌린다.

물결

세찬 물결

바람이 부는 대로 물결이 친다.

초성 치경 마찰음 /ㅅ/

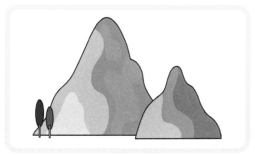

산

높은 산

학교 뒤에 높은 산이 있다.

손

따뜻한 손

할머니의 손을 조심스레 잡았지.

버스

지나간 버스

정류장에서 광역버스를 기다리는 중이었어.

초성 치경 마찰음 /ㅅ/

새우

마른 새우

철판에 마른 새우와 밥을 함께 볶았다.

복숭아

분홍색 복숭아

나무에서 복숭아가 떨어졌다.

선인장

희귀한 선인장

사막에는 선인장이 곳곳에 있을 거야.

초성 치경 마찰음 /ㅅ/

세탁기
고장난 세탁기
세탁기에 세제와 섬유 유연제를 넣어 줘.

카네이션
빨간색 카네이션
부모님께 카네이션 꽃바구니를 드렸다.

아이스크림
초코맛 아이스크림
냉동실에서 아이스크림을 꺼내 먹자.

초성 치경 마찰음 /ㅆ/

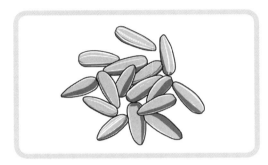

씨

뿌려진 씨

밭에 여러 가지 씨를 뿌렸다.

날씨

맑은 날씨

오늘 날씨를 보니 비가 올 것 같네.

새싹

귀여운 새싹

소나무 옆에서 귀여운 새싹을 발견했다.

초성 치경 마찰음 /ㅆ/

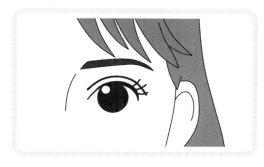

쌍꺼풀

진한 쌍꺼풀

그녀의 진한 쌍꺼풀이 돋보인다.

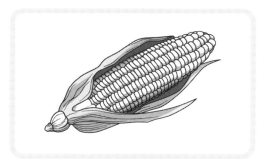

옥수수

삶은 옥수수

간식으로 옥수수를 삶아서 먹을까?

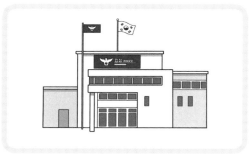

경찰서

바쁜 경찰서

지갑을 주워서 경찰서에 신고했다.

초성 치경 마찰음 /ㅆ/

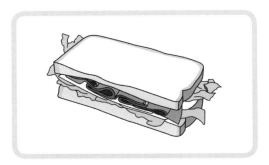

샌드위치

대만식 샌드위치

샌드위치에 치즈와 햄을 넣었다.

쓰레기통

꽉 찬 쓰레기통

오늘은 쓰레기통을 비우는 날이야.

크리스마스

기대되는 크리스마스

산타클로스의 크리스마스 선물이 기대된다.

초성 경구개 파찰음 /ㅈ/

종
은은한 종소리
딸랑거리는 종소리가 들린다.

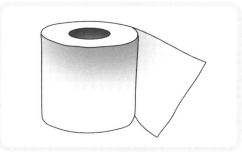

휴지
깨끗한 휴지
바닥에 휴지가 떨어져 있다.

조개
예쁜 조개
해변에서 예쁜 조개를 주웠다.

초성 경구개 파찰음 /ㅈ/

사자

무서운 사자

동물원에서 아기 사자를 보았어.

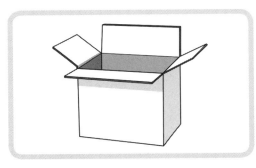

상자

가벼운 상자

택배기사님이 상자를 배달해 주었다.

자전거

빠른 자전거

자전거를 타고 학교에 다녀왔다.

초성 경구개 파찰음 /ㅈ/

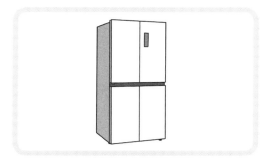

냉장고

시원한 냉장고

오래된 냉장고를 새 것으로 바꿀까?

세종대왕

훌륭하신 세종대왕

한글은 세종대왕이 창제하신 우리말이다.

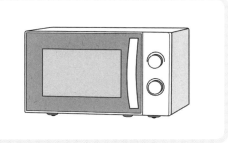

전자레인지

네모 난 전자레인지

핫도그를 전자레인지에 데워서 먹자.

초성 경구개 파찰음 /ㅉ/

잼

달콤한 잼

편의점에서 딸기잼을 샀다.

국자

쇠로 만든 국자

국자로 국을 퍼서 그릇에 담자.

책장

높은 책장

거실에 높은 책장을 설치했다.

초성 경구개 파찰음 /ㅉ/

자장면
맛있는 자장면
점심으로 자장면과 짬뽕을 시켰다.

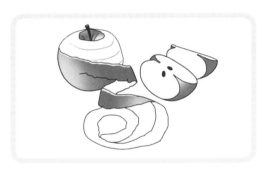

껍질
사과 껍질
사과는 껍질이 매끄러운 것이 좋다.

숨바꼭질
재밌는 숨바꼭질
운동장에서 동생과 숨바꼭질을 했어.

초성 경구개 파찰음 /ㅊ/

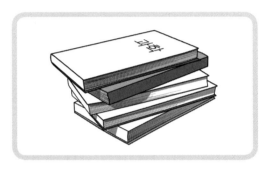

책

흥미로운 책

직원이 흥미로운 과학책을 추천했다.

초

뜨거운 초

케이크 위에 초를 세 개 꽂을까?

상추

신선한 상추

텃밭에 상추와 배추를 심었다.

초성 경구개 파찰음 /ㅊ/

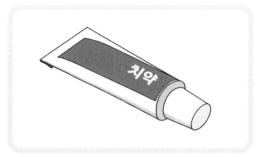

치약

박하향 치약

칫솔에 치약을 충분히 짜야 해.

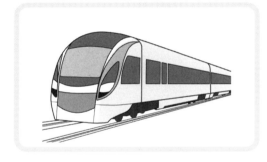

기차

빠른 기차

부산으로 가는 기차가 빠르다.

청소기

시끄러운 청소기

청소를 하려고 청소기를 꺼냈다.

초성 경구개 파찰음 /ㅊ/

소방차
빨간색 소방차
화재가 나서 소방차가 출동했다.

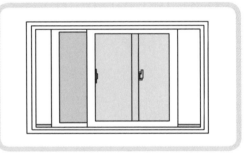

유리창
네모난 유리창
저 유리창은 네모 모양이야.

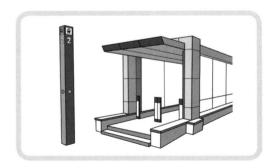

지하철역
혼잡한 지하철역
우리집은 지하철역에서 가깝다.

초성 연구개 파열음 /ㄱ/

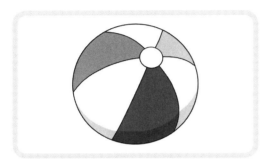

공
동그란 공
골대를 향해 축구공을 찼다.

가위
날카로운 가위
가위가 날카로우니 조심해.

시계
고장 난 시계
선물 받은 시계가 고장났다.

초성 연구개 파열음 /ㄱ/

귀신

무서운 귀신

꿈속에서 귀신을 본 것 같아.

비행기

이륙하는 비행기

곧 인천행 비행기가 이륙한다.

고양이

아기 고양이

의자 밑에서 아기 고양이가 운다.

초성 연구개 파열음 /ㄱ/

무지개
알록달록한 무지개
하늘에 알록달록한 무지개가 떴어.

고슴도치
도망간 고슴도치
고슴도치 등에는 가시가 있다.

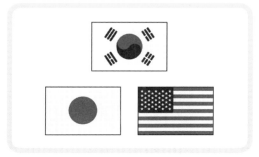

국기
우리나라 국기
태극기는 우리나라 국기이다.

종성 연구개 파열음 /ㄱ/

목도리
따뜻한 목도리
추우니까 목도리를 하는 것이 좋다.

복숭아
맛있는 복숭아
복숭아를 깎아서 접시에 담았다.

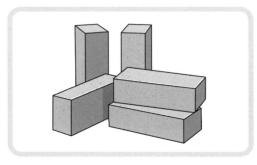

벽돌
무너진 벽돌
무너진 벽돌을 다시 쌓아야 해.

종성 연구개 파열음 /ㄱ/

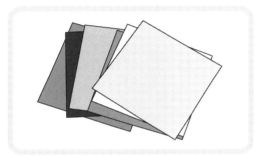

색종이

빨간 색종이

빨간색 색종이로 종이학을 접었다.

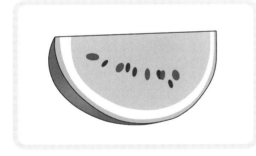

수박

잘 익은 수박

수박 한 통을 주문했습니다.

딱따구리

조그만 딱따구리

조그만 딱따구리가 날아가는 것을 보았니?

초성 연구개 파열음 /ㄲ/

꽃

향기로운 꽃

해바라기 꽃에서 향기가 난다.

까마귀

까만 까마귀

하늘에 까마귀 떼가 날아갑니다.

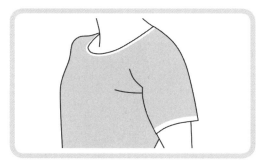

어깨

넓은 어깨

아버지의 어깨는 형의 어깨보다 넓다.

초성 연구개 파열음 /ㄲ/

손톱깎이

망가진 손톱깎이

손톱깎이가 망가져서 손톱을 못 깎았어.

꽃게

빨간 꽃게

갯벌에서 숨은 꽃게를 찾았다.

꿀벌

노란 꿀벌

꿀벌들이 열심히 꿀을 모았다.

초성 연구개 파열음 /ㅋ/

코

오뚝한 코

눈은 크고 코는 오뚝하다.

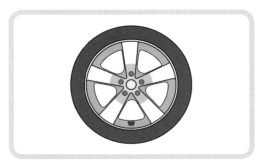

바퀴

까만 바퀴

자동차 바퀴에 바람이 빠졌다.

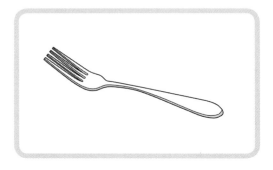

포크

어린이용 포크

돈가스를 포크로 찍어 먹는다.

초성 연구개 파열음 /ㅋ/

콜라

시원한 콜라

점심으로 햄버거와 콜라를 먹었어요.

팝콘

튀겨진 팝콘

팝콘을 먹으면서 영화를 보자.

컵

일회용 컵

실내에서 일회용 컵 사용은 안 됩니다.

초성 연구개 파열음 /ㅋ/

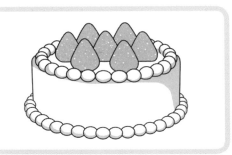

케이크

생크림 케이크

친구에게 생크림 케이크를 선물했다.

초콜릿

맛있는 초콜릿

동생은 가방에 초콜릿을 넣었다.

코스모스

활짝 핀 코스모스

길가에 코스모스가 활짝 피었다.

종성 연구개 비음 /ㅇ/

땅콩

볶은 땅콩

갓 볶은 땅콩에서 고소한 냄새가 난다.

가로등

가로등 불빛

영수의 모습이 가로등 불빛에 비쳤다.

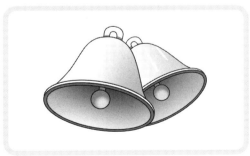

종

은은한 종소리

저 멀리서 은은한 종소리가 들립니다.

종성 연구개 비음 /ㅇ/

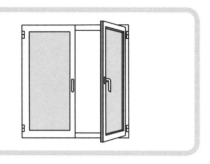

창문

열린 창문

저기 열린 창문을 닫아 줘.

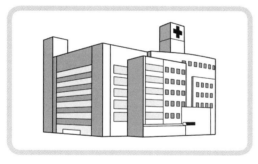

병원

우리 동네 병원

우리 동네에는 병원이 많습니다.

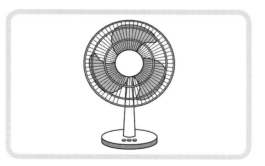

선풍기

낡은 선풍기

시골에 있는 낡은 선풍기가 고장났어요.

초성 성문 마찰음 /ㅎ/

해
붉은 해
붉은 해가 아름답게 진다.

하늘
파란 하늘
하늘에 떠 있는 별이 예쁘다.

한국
자랑스러운 한국
동생이 한국을 떠난 지 십 년이 되었다.

초성 성문 마찰음 /ㅎ/

호박

커다란 호박

된장찌개에 애호박을 넣었다.

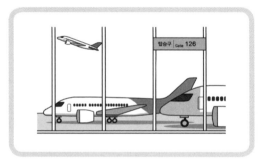

공항

복잡한 공항

많은 인파로 공항이 복잡합니다.

소화기

사라진 소화기

소화전에 있던 소화기가 사라졌어.

초성 성문 마찰음 /ㅎ/

핫도그

길쭉한 핫도그

놀이공원에서 핫도그를 사 먹었다.

허수아비

키가 큰 허수아비

들판에 허수아비가 외롭게 서 있다.

헌혈

사랑의 헌혈

헌혈에 동참해 주시길 바랍니다.

개는 사람에게 가까운 동물로 알려져 있습니다.

주인에게 강한 충성심을 품으며, 사회적인 성격을 가지고 있습니다.

개는 똑똑하고 빠른 학습 능력을 갖추고 있습니다.

또한 개는 신뢰할 수 있는 경비 역할을 수행할 수 있습니다.

개의 충실성과 사회적 성격은 많은 사람에게 사랑받고 있습니다.

(ChatGPT)

6.25 전쟁은 1950년 6월 25일에 북한이 남한으로 침공하여 시작되었다.

전쟁은 3년 1개월 동안 지속되었다.

전쟁은 많은 피해와 인명피해를 초래하였다.

국제적 개입을 통해 최후에는 휴전이 체결되었다.

이 전쟁은 남북 간의 갈등과 냉전 상황을 대변하는 사건 중 하나이다.

(ChatGPT)

3

어딘가 내가 모르는 곳에
보이지 않는 꽃처럼 웃고 있는
너 한 사람으로 하여 세상은
다시 한 번 눈부신 아침이 되고
어딘가 네가 모르는 곳에
보이지 않는 풀잎처럼 숨 쉬고 있는
나 한 사람으로 하여 세상은
다시 한 번 고요한 저녁이 온다.
가을이다, 부디 아프지 마라.

(나태주,「멀리서 빈다」)

비행기표를 가장 저렴하게 예매할 수 있는 시기는 출발 71일 전인 것으로 나타났다.

지난해에는 출발 22일 전에 평균 가격이 가장 낮았다.

예컨대 12월 중순에 출발하는 여행은 10월 초순께 예매하면 가장 저렴하다.

경유 편을 이용하거나 평일에 출발하는 경우 상대적으로 저렴했다.

구글은 자사의 '구글 항공권' 서비스를 이용해 최저가 항공권을 찾을 수 있는 점을 강조했다.

(매일경제, 2023. 8. 29.)

5

계절이 지나가는 하늘에는 가을로 가득 차 있습니다.

나는 아무 걱정도 없이 가을 속의 별들을 다 헬 듯합니다.

가슴 속에 하나 둘 새겨지는 별을 이제 다 못 헤는 것은 쉬이 아침이 오는

까닭이요.

내일 밤이 남은 까닭이요.

아직 나의 청춘이 다 하지 않은 까닭입니다.

별 하나에 추억과, 별 하나에 사랑과, 별 하나에 쓸쓸함과,

별 하나에 동경과, 별 하나에 시와, 별 하나에 어머니, 어머니

(윤동주, 「별 헤는 밤」)

뚱뚱한 모양의 간식 열풍은 '뚱카롱'부터 시작되었어요.

뚱카롱은 '뚱뚱한 마카롱'을 줄인 신조어인데요.

마카롱은 16세기 이탈리아 왕가 출신 왕비가 프랑스 왕과 결혼하면서 생긴

음식이에요.

원래는 과자처럼 바삭하게 한 겹으로만 돼 있었는데요.

프랑스로 넘어가면서 크림이 들어가기 시작했어요.

(어린이조선일보, 2023. 6. 1.)

7

여름이 되면 자외선이 강해진다.

자외선은 모발의 구성 성분인 단백질 구조를 약화시킨다.

또 수분을 부족하게 만들고 모발의 탄성을 떨어뜨리는 주범이다.

특히 검은색 모발은 밝은색의 모발보다 자외선 흡수량이 많은 편이다.

자외선이 가장 강한 오전 11시부터 오후 2시 사이에는 두피와 모발 노출을

피하는 것이 좋다.

(더중앙, 2023. 6. 4.)

서울 송파구가 전동킥보드와 자전거의 올바른 이용문화 조성을 위해 구민들을 대상으로 안전교육을 실시합니다.

구는 전문강사와 함께 올바른 주행 방법, 안전 수칙 등을 교육합니다.

안전교육은 송파안전체험교육관에서 2시간씩 총 6회 진행됩니다.

수강 인원은 1회당 12명으로 교육대상은 운전면허증을 소지한 만 16세부터 만 59세 주민입니다.

교육 신청은 선착순으로 진행합니다.

(TBS, 2023. 6. 1.)

요즘은 책을 읽는 대신에 오디오북으로 듣기도 한다.

오디오북의 장점은 다른 일을 하면서도 들을 수 있다는 것이다.

텔레비전이 처음 도입되었을 때, 사람들은 라디오의 생명은 끝났다고 예측했다.

하지만 의외로 라디오는 아직도 사랑받고 있는 매체다.

라디오의 장점은 들으면서 동시에 손과 눈을 자유롭게 하여 다른 일을 할 수 있다는 것이다.

(유현준,『공간의 미래』, 2021)

한국적이고 서정적인 추상 작업을 이어가던 1963년.

50세의 김환기는 세계 미술의 새로운 중심지로 떠오른 미국으로 이주했다.

1년 뒤에는 개인전도 열었다.

뉴욕타임스는 전시에 대해 '미국 추상표현주의의 모방'이라고 혹평했지만

그의 의지를 꺾을 수는 없었다.

새로운 형식을 거듭 실험하던 김환기는 마침내 '점'을 재발견한다.

(한국경제, 2023. 6. 1.)

도전! 어려운 발음을 연습해 봅시다! (tongue-twister)

1. 들의 콩깍지는 깐 콩깍지인가 안 깐 콩깍지인가.

   깐 콩깍지면 어떻고 안 깐 콩깍지면 어떠냐.

   깐 콩깍지나 안 깐 콩깍지나 콩깍지는 다 콩깍지인데

2. 저 분은 백 법학박사이고 이 분은 박 법학박사이다.

3. 경찰청 쇠창살 외철창살, 검찰청 쇠창살 쌍철창살

4. 우리집 옆집 앞집 뒤창살은 흩겹창살이고,

   우리집 뒷집 앞집 옆창살은 겹흩창살이다.

5. 간장 공장 공장장은 강 공장장이고, 된장 공장 공장장은 공 공장장이다.

6. 우유 성분 함유율은 칼슘 함유량이 철분 함유량보다 높은가?

7. 음력 칠월 칠일은 평창친구 친정 칠촌 사촌 칠순 잔칫날

8. 내가 그린 기린 그림은 키가 큰 기린 그림이고,

   네가 그린 기린 그림은 키가 작은 기린 그림이다.

9. 앞뜰에 있는 말뚝이 말 맬 말뚝이냐 말 안 맬 말뚝이냐.

10. 초코 나라의 촉촉한 초코칩 쿠키와 안 촉촉한 초코칩 쿠키

11. 앞 집 팥죽은 붉은 팥 풋팥죽, 뒷 집 콩죽은 햇콩단콩 콩죽

12. 작은 토끼 옆에 큰 토끼가 있고, 큰 토끼 옆에 더 작은 토끼가 있는데,

    더 작은 토끼가 툴툴거리며 톱질을 했다.

13. 빨리 빨기 힘든 빨래와 빨리 빨기 안 힘든 빨래는 따로따로 빨래해라.

14. 안양 양장점 점장님과 대관령 양장점 점장님은 점심모임에 참석 중임.

15. 방배파출소 배방범대원의 방범방법론과 대방파출소 박방범대원의

   방범방법론은 방범방법론의 표본이다.

16. 거기 앞집 꽃집은 튤립 꽃 꽃집이고, 저기 옆집 꽃꽂이집은

   백합 꽃 꽃꽂이집이다.

17. 학년별 반별 모임 후에 반별 반장 모임과 반별 부반장 모임이

   반별로 있을 예정이다.

18. 생각이란 생각하면 생각할수록 생각나는 것이 생각이므로 생각하지 않는 생각이 좋은 생각이라고 생각한다.

19. 내가 가야 네가 안 가고, 네가 안 가도 나는 가야 하니까 내가 가건 네가 가건 누군가는 가야 하는 것 같으니 그럼 네가 가라.

20. 쫀득쫀득한 찹쌀떡과 쭌득쭌득한 맵쌀떡을 쫄깃쫄깃하게 쪄서 아그작 야그작 꼭꼭꼭 씹어서 먹었어.

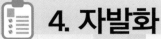 **4. 자발화**

이전의 단계에서 연습한 단어를 활용하여 자발화 수준으로 일반화할 수 있도록 연습한다. 다음에 제시된 연습 방법을 참고하여 목표 음소를 정확하게 발음한다.

예시

- **오조음 음소**: 파찰음 / ㅈ ㅉ ㅊ /
- **연습 방법**

  1) 파찰음 단어가 포함된 선택형 질문을 하여 답하도록 한다. 예를 들면, "잡채가 좋아요, 자장면이 좋아요?"라고 질문한다.

  2) 정답에 파찰음 단어가 포함된 의문사 질문을 하여 답하도록 한다. 예를 들면, "국은 무엇으로 뜨나요?"라고 질문한다.

  3) 파찰음이 포함된 단어 목록을 제시하고, 그 목록에서 목표 단어 2개 또는 3개를 선택하여 문장을 구성한다.

  4) 파찰음이 포함된 전경 그림을 제시하고 목표 단어를 포함하여 그림을 설명한다.

  5) 파찰음이 포함된 문단을 읽고 회상하여 내용을 다시 설명한다.

  (그림은 '핀터레스트' 웹사이트, '구글' 이미지, 잡지 등에서 활용할 수 있다.)

제7장

운율
(Prosody)

1. 말속도 조절

2. 평서문과 의문문 억양 연습하기

3. 대본 연습하기

1. 말속도 조절

1) 속도조절판(Pacing board)

속도조절판을 다음과 같이 활용할 수 있다.

• 말의 속도, 강도, 음도 등의 조절을 돕기 위한 도구로 활용한다.

• 목표 단어나 문장을 정하고 느린 말속도로 발음을 정확하게 할 수 있도록 연습한다.

• 목표 단어나 문장을 읽는 동안 각 음절 또는 어절을 손가락이나 펜으로 속도조절판을 따라가면서 말속도를 조절한다.

예시

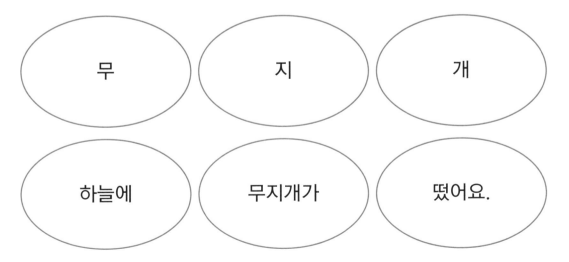

1음절
1어절

2음절
2어절

3음절
3어절

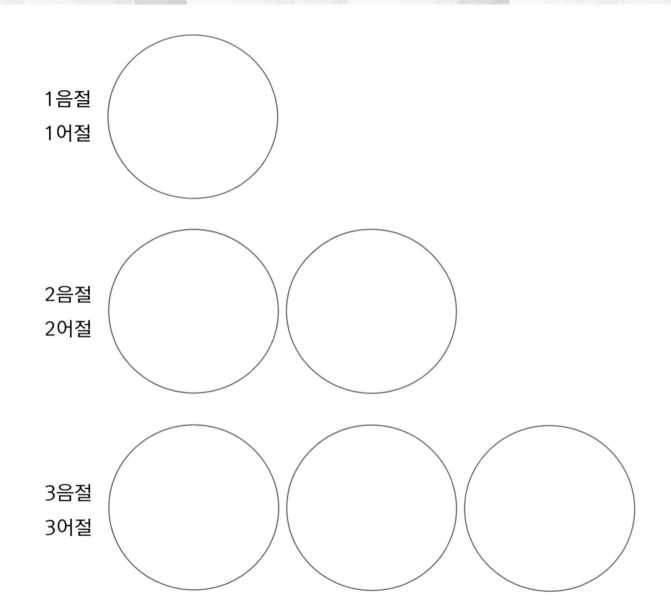

4음절
4어절

5음절
5어절

6음절
6어절

2. 평서문과 의문문 억양 연습하기

평서문과 의문문에 어울리는 억양으로 문장을 읽는다.

밖에 찬 바람이 불어요. / 밖에 찬 바람이 불어요?

공원에 산책하러 가자. / 공원에 산책하러 갈래?

누군가 노래하는 소리가 들린다. / 누군가 노래하는 소리가 들립니까?

이번 여행은 제주도로 가려고요. / 이번 여행은 제주도로 갈까요?

어제 기차를 타고 대전에 갔습니다. / 어제 기차를 타고 대전에 갔습니까?

현수는 진주를 사랑한다. / 현수는 진주를 사랑하나요?

친구와 공원에서 만나기로 했어. / 친구와 공원에서 만나기로 했니?

리모컨이 탁자 위에 있습니다. / 리모컨이 탁자 위에 있습니까?

밖에 누가 오셨어. / 밖에 누가 오셨니?

달리기를 하다가 다쳤어요. / 달리기를 하다가 다쳤어요?

아이스크림 먹으러 가자. / 아이스크림 먹으러 갈래?

어젯밤에 푹 잤어요. / 어젯밤에 푹 잤어요?

내일 수학 시험을 봅니다. / 내일 수학 시험을 봅니까?

아침에 어머니께 전화를 드렸습니다. / 아침에 어머니께 전화를 드렸습니까?

지금 아버지와 함께 살고 있어요. / 지금 아버지와 함께 살고 있나요?

버스를 타고 회사에 갈 거야. / 버스를 타고 회사에 갈 거야?

어제 잃어버린 지갑을 찾았어. / 어제 잃어버린 지갑을 찾았니?

시어머니와 시장에 갔었지. / 시어머니와 시장에 갔었지?

3. 대본 연습하기

> 상황에 적절한 억양으로 대본을 연습한다.

1.

여: 지금 어디에 살고 계세요?

남: 서울 중구에 살고 있는데, 고향은 부산이에요.

여: (궁금해하며) 왜 서울로 이사 오셨어요?

남: 서울에 있는 회사로 이직해서 이사하게 됐어요.

여: 그래요? 무슨 일 하세요?

남: 건설회사에서 아랍어 통역사로 일하고 있어요.

여: (놀라며) 우와~ 아랍어라니, 정말 멋지네요!

남: 칭찬해 주시니 쑥스럽네요.

2.

여: 스페인 여행 다녀왔다면서~ 어땠어?

남: (격양된 목소리로) 엄청 좋았지! 현지 음식들도 맛있었어.

여: 스페인에는 얼마 동안 있었어?

남: 2주 정도 있었어.

여: 스페인 여행은 이번이 처음이었어?

남: 이전에 출장으로 가 본 적이 있어. 이번이 두 번째였어.

여: 스페인에서 뭐가 제일 좋았어?

남: 박물관, 공원, 그리고 해변 휴양지들 모두 좋았어!

3.

남: (화내며) 여보세요? 11층입니까?

여: (놀라며) 아… 네… 맞습니다. 무슨일이시죠?

남: (흥분하며) 여기 10층인데요. 지금 아이들이 뛰고 있나요?

여: (당황하며) 아닌데요. 저희 집에는 아이들이 없어요.

남: (당황하며) 네? 아이들이 없다고요? 계속 발소리가 들리는데요!

여: (단호하게) 저희 집은 아닌 것 같네요.

남: (미안해하며) 그… 래요? 죄송합니다. 발소리에 예민했습니다.

여: 괜찮습니다. 소음이 너무 심하면 경비실에 문의하시면 좋을 것 같아요.

4.

남: (기대하며) 오늘 점심은 뭘 먹을까?

여: (귀찮은 듯이) 글쎄… 모르겠네.

남: 너는 먹고 싶은 거 없어? 김치찌개 어때?

여: (거절하듯이) 김치찌개? 음… 밥은 먹기 싫은데….

남: (당황하며) 아… 그래? 음… 그러면 햄버거는 어때?

여: (관심가지며) 햄버거? 햄버거 좋지. 수제버거는 어때?

남: (흥분하며) 수제버거 엄청 좋아해! 배달로 주문할까?

여: (웃으며) 너도 수제버거 좋아하는구나~ 그래, 배달로 주문하자!

제8장

말실행증 중재
(Treatment of Apraxia of Speech)

1. 대조적 강세 훈련(Contrastive stress drill; Wertz et al., 1984)

구 또는 짧은 문장 내에서 특정 단어에 강세를 주면서 말하는 연습이다. 이 연습을 통해 말의 자연스러움과 정확성을 향상시킬 수 있다.

1) 구 또는 짧은 문장을 제시한 후, 표시가 되어 있는 부분만 강세를 주면서 말한다. 글 자료를 제시하여 읽기를 시도하며, 오반응 시 따라 말하기로 연습한다. 정반응을 유도하는 단서는 환자의 수준에 맞추어 환자에게 가장 적합한 것으로 적용할 수 있다.

〈목표 문장: 나는 너를 좋아해. / 나는 너를 좋아해. / 나는 너를 좋아해.〉

임상가: 밑줄 표시된 부분만 강세를 주면서, 큰 소리로 말해 보세요.

2) 임상가가 목표 문장을 말한 후, 목표 문장으로 답할 수 있는 질문을 한다. 환자는 질문의 답이 되는 단어에 강세를 주면서 문장으로 말한다.

〈목표 문장: 사과를 먹어요.〉

임상가: 제가 말하는 것을 잘 듣고, 질문에 답해 보세요. 답인 부분은 강세를 주면서 큰 소리로 말해 보세요. 사과를 먹어요. 무엇을 먹나요?

환　자: 사과를 먹어요.

임상가: 사과를 어떻게 하나요?

환　자: 사과를 먹어요.

2. 8단계 과제 연속체 접근법(Eight-step Continuum; Rosenbek et al., 1973)

이 접근법은 높은 정반응률, 집중적이면서 광범위한 반복 연습, 의미있는 의사소통, 자기 수정(self-correction) 등을 위해 과제의 연속성을 강조한다. 가장 먼저 제시하는 자극 단서를 통합적 자극(integral stimulation)이라고 정의하는데, 이 자극 단서를 처음에 최대한 많이 제시하여 정반응을 유도하고, 이후 자극 단서를 하나씩 줄인다. 각 단계에서는 음절, 단어, 구, 문장 등의 자극을 사용할 수 있다.

- 통합적 자극: 보고(시각적), 듣고(청각적), 저와 함께 말해 보세요(모델링).
- 다양한 중증도에 적용할 수 있고, 환자에 따라 유연성 있게 실시할 수 있다.
- 모든 환자에게 8단계의 과정을 순서대로 또는 일괄 적용하지 않아도 된다.
- 구체적 치료 단계를 순서화시킨 접근법이 아니다. 각 단계에서 시행하는 방법에 대해 이해하는 것이 중요하다.
- 환자에게 적용하였을 때, 특히 어렵다고 생각되는 단계가 있다면 생략해도 된다.
- 만약 이 접근법에 실패한다면, 조음점 지시법을 시도해 본다.

1단계 통합적 자극 제시 단계. 임상가가 제시하는 목표 자극을 환자가 보고 들으면서 동시에 따라 말한다.

임상가: (목표 자극: 딸기) 저를 보고, 제 말을 잘 듣고, 저를 따라서 함께 말해보세요. 딸기.

환　자: (임상가와 동시에) 딸기.

2단계 1단계와 비슷하지만 환자의 반응을 지연시키며, 임상가는 환자와 함께 말하는 동안 소리 없이 조음 동작만 함께 수행한다. (즉, 동시적 청각 단서는 제시하지 않음)

임상가: 조금 전 같이 따라 말한 단어를 다시 할 거예요. 저는 말하지 않고, 입모양만 보여 드릴 거예요. 제 입모양을 보면서 같이 말해 봅시다. (조음 동작만 보여 주며) (딸기)

환　자: (임상가와 동시에 조음하지만, 환자만 말소리를 냄) 딸기.

3단계 임상가의 아무런 동시적 단서 없이, 통합적 자극이 제시된 후에 환자가 혼자 따라 말한다.

임상가: 저를 보고, 제 말을 잘 들은 후에 혼자서 따라 말해 보세요. 딸기.

환　자: (임상가는 말하지 않고, 혼자서) 딸기.

4단계 임상가의 아무런 동시적 단서 없이, 통합적 자극이 제시된 후에 환자가 혼자 여러 번 반복해서 말한다.

임상가: 저를 보고, 제 말을 잘 들은 후에 혼자서 세 번 말해 보세요. 딸기.

환　자: (임상가는 말하지 않고, 혼자서 3회) 딸기 딸기 딸기.

5단계 청각적, 시각적 자극 없이 제시된 문자 자극만을 보고 환자가 혼자서 말한다.

임상가: (글자 카드를 제시하며) 이것을 보고 읽어 보세요.

환　자: (글자 카드를 보며) 딸기.

6단계 문자 자극이 주어진 후, 시간 경과 후에 문자 자극 없이 지연된 반응을 말한다.

임상가: (글자 카드를 제시하며) 이것을 보세요. 잠시 후에 이것을 말할 거예요. (글자 카드를 정리함) 카드에 뭐라고 쓰여 있었죠?

환　자: (글자 카드 없이) 딸기.

7단계 질문에 대한 반응을 이끌어 낸다.

임상가: (그림을 제시하며) 이것이 무엇이에요? / 작고, 빨간색이고, 겉에 씨가 있는 달콤한 과일은 무엇이에요? / 가장 좋아하는 과일이 무엇이에요? (다양한 질문으로 시도할 수 있음)

환　자: 딸기.

8단계 적절한 역할 놀이(role-play) 상황에서 반응을 이끌어 낸다.

임상가: (과일 주스를 만드는 상황극을 하며) 손님, 어떤 과일로 주스를 만들어 드릴까요?

환　자: 딸기.

3. 말소리 산출 치료법(Sound Production Treatment; Wambaugh & Nessler, 2004)

이 접근법은 분절 및 음절 단계에서 조음의 공간적 및 시간 조절(timing)의 정확성을 향상시키는 데에 목적이 있다. 연습한 말소리를 습득하고 유지하면, 연습하지 않은 말소리로 일반화될 수 있다는 가정을 둔다. 최소 대립의 단어를 사용하기 때문에 '최소대립치료법'으로 불리기도 한다. 목표는 말소리를 정립하는 것이지만 목표 자극은 단어, 구, 문장 등으로 구성할 수 있다.

- 치료자극: 환자의 오류 패턴에 맞추어 결정한다.
- 치료 초기 단계에서는 단서를 최소한으로만 제시하거나 단서가 없고, 후기 단계에서 오류가 발생할 때만 단서를 제공한다.
- 각 단계마다 '시각적 자극'이 함께 제시된다.
- 최소대립쌍의 단어는 목표 자극이 '문장'일 때는 적용하지 않는다.
- 단계마다 환자의 특징에 따라 변형이 가능하다.

예시

음소 /ㅂ/를 산출하기 위해 목표 단어로 '밤, 봄, 배'를 설정한다.

1단계 (단어 말하기):

1) 임상가는 목표 단어 '밤'을 말하고, 환자에게 따라 말하도록 지시한다.

   임상가: 밤. 저를 따라 말해 보세요. 밤.

   환　자: 밤.

2) 1)에서 정확히 따라 말하였다면, 목표 단어를 5회 반복해서 말한다.

   임상가: 잘하셨습니다. '밤'을 다섯 번 연속해서 말해 보세요.

   환　자: 밤 밤 밤 밤 밤.

3) 2)에서 정확히 말하였다면, 다음 목표 단어(봄)를 이용해 다시 1)부터 시작한다.

4) 1)에서 정확히 따라 말하지 못하였다면, 최소대립쌍 단어를 제시하고, 그 단어를 여러 번 반복한다.

   임상가: (무엇을 틀렸는지 설명하고) '밤'을 '밥'이라고 말하셨네요. 받침 소리가 잘못되었어요. 다른 단어로 다시 따라 말해 보세요. (목표 단어의 최소대립쌍 단어를 제시하며) 담. '담'을 세 번 연속해서 말해 보세요.

   환　자: 담 담 담.

5) 2단계로 넘어가 '밤'을 정확히 따라 말하도록 연습한다.

2단계 (글자 보여 주기):

1) 임상가는 목표 음소 /ㅂ/가 쓰인 글자 카드를 제시한다. 이어서 곧바로 목표 단어 '밤'을 따라 말하도록 지시한다.

   임상가: 글자를 보세요. 저희가 연습하고 있는 소리 /ㅂ/에요. 저를 따라 말해 보세요. 밤.

   환　자: 밤.

2) 1)에서 정확히 따라 말하였다면, 환자가 혼자서 목표 단어를 5회 반복해서 말한다.

   임상가: 잘하셨습니다. '밤'을 다섯 번 연속해서 말해 보세요.

   환　자: 밤 밤 밤 밤 밤.

3) 2)에서 정확히 말하였다면, 다음 목표 단어(봄)를 이용해 다시 1단계부터 시작한다.

4) 2)에서 정확히 따라 말하지 못하였다면, 3단계로 넘어간다.

3단계 (통합적 자극):

1) 임상가는 통합적 자극을 사용해 목표 단어를 3회 반복해서 말한다.

   임상가: 저를 보고, 제 말을 잘 듣고, 저를 따라서 단어를 세 번 연속해서 말해 보세요. 시작. 밤 밤 밤.

   환 자: 밤 밤 밤.

2) 1)에서 정확히 말하였다면, 환자가 혼자서 목표 단어를 5회 반복해서 말한다.

   임상가: 잘하셨습니다. '밤'을 다섯 번 연속해서 말해 보세요.

   환 자: 밤 밤 밤 밤 밤.

3) 2)에서 정확히 말하였다면, 다음 목표 단어(봄)를 이용해 다시 1단계부터 시작한다.

4) 2)에서 정확히 따라 말하지 못하였다면, 4단계로 넘어간다.

4단계 (조음 위치 단서):

1) 임상가는 조음점 지시법으로 단서를 제공한다. 목표 음소를 산출하는 방법에 대해 구어적, 시각적, 촉각적 단서 등에 대해 보여 주거나 설명한다.

임상가: /ㅂ/는 입술을 붙였다가 떼면서 나오는 소리예요. 공기가 코를 지나가지 않고, 입으로만 나오기 때문에 콧등에서 떨림이 있으면 안 돼요. 손가락을 콧등에 올리고 /브 브/ 해 보세요. 이번에는 /므 므/ 해 보세요. /므/로 하면 콧등이 떨리고, /브/로 하면 콧등에서 떨림이 없어요. 입 안에 공기를 모았다가 살짝 터트리면서 /브/ 해 보세요.

2) 임상가는 통합적 자극을 사용해 목표 단어를 3회 반복해서 말한다.

임상가: 저를 보고, 제 말을 잘 듣고, 저를 따라서 단어를 세 번 연속해서 말해 보세요. 시작. 밤 밤 밤.

환 자: 밤 밤 밤.

3) 2)에서 정확히 말하였다면 '밤' 단어 연습은 중단하고, 다음 목표 단어(봄)를 이용해 다시 1단계부터 시작한다.

4) 2)에서 정확히 말하지 못하였더라도 '밤' 단어 연습은 중단하고, 다음 목표 단어(봄)를 이용해 다시 1단계부터 시작하며, 추후에 '밤' 단어 연습은 다시 시도한다.

4. 음성 및 음절구조 확장

- 환자의 자발화 분석을 통해 비교적 일관적으로 정조음이 가능한 자음 및 모음을 확인한다.

- 정조음이 가능한 자음 및 모음을 활용하여 점차 음성과 음절구조를 확장해 나간다.

- 기능적으로 사용할 수 있는 유의미단어부터 연습을 시작한다.

- 무의미음절을 집중적으로 연습하는 것이 의미있는 말산출의 기초가 될 수 있으므로 병행하며 연습한다.

- 만약 이 과정에서의 수행이 어렵다면 비구어 구강 운동을 병행하는 것이 도움이 될 수 있다.

- 그러나 단어, 구 등에서 말산출이 적절하면 비구어 구강 운동이나 개별 말소리 산출 중심의 연습은 시행할 필요가 없다.

예시

- 산출 가능한 모음: /아/, /오/, /이/

- 산출 가능한 자음: /ㄱ/

- 유도해 볼 수 있는 단어

  1) 산출 가능한 음소 위주로 구성된 단어: 가, 아기, 고기, 오이, 아오이 등

  2) 산출 가능한 음소와 같은 조음위치 또는 조음방법을 적용할 수 있는 음소 위주로 구성된 단어: 어, 까, 키, 카페, 이거, 아까 등

  3) 1)과 2)에서 연습한 음소를 다양하게 적용한 단어: 커피, 코끼리, 거미, 카키색, 꼬리, 바퀴 등

5. 자극어의 길이가 늘어나는 단어

음절 수가 점차 늘어나는 단어 말하기를 연습한다.

- 첫째, 임상가의 도움 없이 환자가 혼자서 단어를 읽는다.

  임상가: 이것을 보고 순서대로 읽어 보세요.

- 둘째, 오반응 시, 시각단서, 촉각단서, 구어 모델링 등 정반응을 가장 빨리 유도할 수 있는 환자에게 가장 적합한 단서를 제시한다.

  임상가: (조음 동작을 강조하면서) 배추.

- 셋째, 오반응 시, 통합적 자극을 제시하며 환자가 동시에 따라 말한다.

  임상가: 저를 보고, 제 말을 잘 듣고, 저를 따라서 단어를 말해 보세요. 배추.

  환　자: 배추.

1-2-3음절 단어

배 – 배추 – 배춧잎

파 – 파랑 – 파랑색

초 – 초보 – 초보자

학 – 학교 – 학교장

이 – 이름 – 이름표

가 – 가위 – 가위질

여 – 여성 – 여성용

양 – 양파 – 양파즙

뿌 – 뿌리 – 뿌리털

마 – 마술 – 마술사

표 – 표준 – 표준어

성 – 성탄 – 성탄절

아 – 아니 – 아니요

미 – 미용 – 미용실

목 – 목욕 – 목욕탕

소 – 소속 – 소속사

비 – 비누 – 비누칠

세 – 세탁 – 세탁기

고 – 고무 – 고무줄

바 – 바늘 – 바느질

2-3-4음절 단어

미역 – 미역국 – 미역국밥

장모 – 장모님 – 장모님댁

음악 – 음악실 – 음악실습

공부 – 공부방 – 공부방법

허리 – 허리통 – 허리통증

촬영 – 촬영장 – 촬영장소

운전 – 운전자 – 운전자용

시사 – 시사회 – 시사회장

모래 – 모래성 – 모래성벽

미국 – 미국식 – 미국식사

파란 – 파란색 – 파란색깔

도서 – 도서관 – 도서관장

패션 – 패션쇼 – 패션쇼장

유치 – 유치원 – 유치원생

남한 – 남한산 – 남한산성

체중 – 체중계 – 체중계측

가로 – 가로수 – 가로수길

판매 – 판매점 – 판매점원

지하 – 지하도 – 지하도로

아기 – 아기용 – 아기용품

3-4-5음절 단어

소방서 – 소방서장 – 소방서장실

대학교 – 대학교수 – 대학교수님

진달래 – 진달래꽃 – 진달래꽃잎

지하철 – 지하철역 – 지하철역사

프랑스 – 프랑스어 – 프랑스어학

잠자리 – 잠자리채 – 잠자리채집

여의도 – 여의도역 – 여의도역장

조용히 – 조용히해 – 조용히해요

개나리 – 개나리꽃 – 개나리꽃색

도토리 – 도토리묵 – 도토리묵밥

연세대 – 연세대학 – 연세대학교

북한산 – 북한산행 – 북한산산행

수서역 – 수서역이 – 수서역이요

하수도 – 하수도관 – 하수도관리

주방용 – 주방용품 – 주방용품점

시끄러 – 시끄러워 – 시끄러워요

무지개 – 무지개빛 – 무지개빛깔

바게트 – 바게트빵 – 바게트빵집

경기도 – 경기도청 – 경기도청역

한여름 – 한여름밤 – 한여름밤에

4-5-6음절 단어

물리치료 – 물리치료학 – 물리치료학과

코스모스 – 코스모스씨 – 코스모스씨앗

서울대학 – 서울대학교 – 서울대학교수

도로교통 – 도로교통법 – 도로교통법령

공인중개 – 공인중개사 – 공인중개사업

사회복지 – 사회복지사 – 사회복지사업

유럽연합 – 유럽연합국 – 유럽연합국가

전자도서 – 전자도서관 – 전자도서관리

푸른바다 – 푸른바다빛 – 푸른바다빛깔

지역화폐 – 지역화폐법 – 지역화폐법규

장미꽃밭 – 장미꽃밭에 – 장미꽃밭에서

영화관람 – 영화관람객 – 영화관람객수

생일축하 – 생일축하해 – 생일축하해요

대한항공 – 대한항공기 – 대한항공기장

건강검진 – 건강검진후 – 건강검진후기

바이러스 – 바이러스종 – 바이러스종류

관리위원 – 관리위원회 – 관리위원회의

야채볶음 – 야채볶음밥 – 야채볶음밥집

싱가포르 – 싱가포르식 – 싱가포르식당

공기청정 – 공기청정기 – 공기청정기계

🗣 6. 구

문과 물

섬과 성

강과 감

실격과 실력

코치와 코디

구리와 무리

가지와 바지

시소와 미소

보도와 포도

해방과 해발

부산과 부안

가위와 바위

여자와 겨자

기자와 기차

소유와 고유

발소리와 말소리

라이터와 로이터

기도실과 지도실

여학생과 유학생

오른팔과 오른발

탈과 털

위와 왜

핵과 햄

종지와 쪽지

기타와 치타

대우와 대구

하늘과 바늘

석탄과 성탄

소금과 소음

부인과 주인

독서와 동서

모기와 모시

박수와 방수

도마와 로마

원고와 원조

포물선과 보물선

판소리와 잔소리

까마귀와 사마귀

배나무와 대나무

목도리와 목소리

🗣 7. 문장

닭 소 보듯, 소 닭 보듯.

신나는 토요일 토요일 밤에.

왼발을 왼쪽으로 향해.

알람이 울리는 알람시계.

조끼 입은 토끼가 도끼를 피했다.

삐에로가 빼빼로를 먹네.

꿀꿀 꼴꼴 꿀꿀대는 꿀돼지.

아마도 마음이 마음대로 안 되겠어.

거기도 저기도 아닌, 여깁니다.

하얗고 새하얀 세상.

키가 큰 키다리 아저씨다.

가도 가도 끝이 없는 길.

방향을 잃고 우왕좌왕한다.

아기 고양이가 야옹.

나는 바나나를 바구니에 넣었어.

커다란 코끼리가 코로 물을 먹네.

수민이가 수진이한테 선물을 줬어.

모래사장의 모래가 바람에 흩어졌다.

월요일 다음 날은 화요일.

번개가 번쩍번쩍거렸다.

구미가 당기는 고등어 구이.

을지로에서 파는 을지로 골뱅이무침.

사진전에서 개인 사진을 전시했어요.

과제 제출일이 촉박했지만 제출했어.

며칠째 멸치만 먹었지.

우리집의 앞집의 옆집에 사는 여자.

빵빵하게 부푼 풍선이 펑펑 터졌어.

나지막한 지붕이 있는 조그만 집.

그때 그 사람은 그때로 돌아갈까.

계란말이를 돌돌 말아 버렸지.

머리글과 바닥글에 한 줄글을 쓰자.

새로 고침하면 새로 고칠 수 있어.

서울시립대 신소재공학과 출신.

한국국가장학재단에서 받은 장학금.

중부지방 집중 호우주의보.

분홍색, 다홍색, 주홍색 색감의 천.

걸어도 걸어도 끝이 없는 거리.

소스라치며 소리를 질러 버렸다.

꼬부랑 할머니가 넘어간 꼬부랑 길.

엉금엉금 기어가는 작은 거북이.

제9장

리 실버만 음성치료 소개
(Lee Silverman Voice Treatment, LSVT)

치료의 원칙

- 주 4~5회, 회기당 50~60분으로 구성하며, 16회 이상 집중적으로 연습하는 프로그램이다.

- 매 회기에 1) 모음연장발성, 2) 기본주파수, 3) 기능적 구어 강도 최대화하기 활동을 모두 포함한다.

- 호흡 및 발성에 초점을 맞춘다. (공명, 조음, 말 속도, 운율은 제외)

- 신체적 노력을 통해 음성 강도를 증진한다.

- 음성 강도에 대한 환자의 지각과 노력을 증진한다.

- 환자의 수행 정도를 수치화한다. (초시계, 소음계, App 등을 활용)

<예시> 기능적 구어 최대화하기

1. 안녕하세요.

2. 오늘 하루 어땠어?

3. 피곤해요.

4. 나중에 봐.

5. 저녁 뭐 먹지?

6. 저는 (이름)입니다.

7. 불 좀 꺼 주세요.

8. 화장실에 가고 싶어요.

9. 도와주세요.

10. 산책하러 가자.

<기록지> 대상자의 기능적 구어

1.

2.

3.

4.

5.

6.

7.

8.

9.

10.

<적절한 음성 강도로 말하기>

임상가와 환자가 환자의 음성 크기에 대해 주관적으로 평가하여 비교한다. 환자가 자신의 음성 강도에 대해 임상가와 차이 나게 지각할 경우, 다음에 제시된 활동지를 활용하여 환자 스스로 자신의 음성 강도에 대해 점검하고, 적절한 음성 강도로 말할 수 있도록 한다.

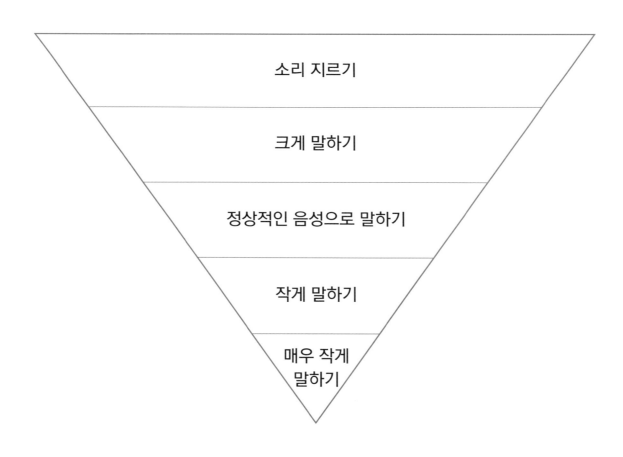

참고문헌

권미선, 김정완, 이현정, 최현주, 하지완(2017). **말운동장애 진단과 치료**. 박학사.

김민정(2021). **임상중심 말소리장애**. 학지사.

김민정, 심현섭, 최홍식(2000). 음운환경과 검사어 길이가 정상 성인의 비음치에 미치는 영향. **언어-청각장애연구**, 5(2): 1-15.

김부영(2008). 청·장년층의 최대발성시간, 조음교대운동속도 및 표준문구발화속도. 연세대학교 대학원 석사학위 청구논문.

김선우(2012). 말 산출에서 피질하 구조의 역할. **대한신경과학회지**, 30(1): 1-9.

김우아(2005). Lee Silverman Voice Treatment(LSVT) 프로그램이 특발성 파킨슨병 환자의 자발화 말명료도에 미치는 효과. 이화여자대학교 대학원 석사학위 청구논문.

김은정(2000). 정상 청년층과 노년층의 최대발성시간 및 조음교대운동속도 비교. 연세대학교 대학원 석사학위 청구논문.

김정우, 신성욱, 정성택(2017). LSVT 기반의 음도 장애 재활 콘텐츠. **대한전자공학회 하계학술대회 논문집**, 1180-1183.

김향희(2021). **신경언어장애**, 학지사.

김향희, 서미경, 김윤정, 윤지혜(2016). **말운동장애**. 박학사.

김현기(2000). 구개열아동 말의 객관적 평가 및 치료방법. **언어-청각장애 연구**, 5(2): 108-120.

대한후두음성언어의학회(2016). **후두음성언어의학: 발성의 이해와 음성치료**. 범문에듀케이션.

박정식, 배진애(2010). **말-언어장애 아동을 위한 호흡-조음-발성 치료**. 박학사.

박혜성, 박서린(2002). **마비말장애와 연하장애의 치료**. 군자출판사.

이옥분(2017). **리 실버만 음성치료와 임상적 적용**. 한국언어재활사협회 보수교육.

천사라(2008). 노년층의 최대발성시간, 조음교대운동속도 및 표준문구발화속도. 연세대학교 대학원 석사학위 청구논문.

최성희, 최재남, 남도현, 최홍식(2005). 구개열 환자 말 평가 시 검사어에 대한 고찰: 임상현장의 말 평가 어음자료와 문헌적 고찰을 중심으로. **대한음성언어의학회지**, 16(1): 33-48.

최성희(2011). 파킨슨씨 병 음성에 대한 리 실버만 음성치료의 효과: 비선형의 역동적, 섭동적, 청지각적 분석.**한국언어청각임상학회**, 16(3): 335-345.

표화영, 한진순(2016). **구개열 및 두개안면 기형**. 박학사.

홍새미, 정필연, 심현섭(2018). 마비말장애 발화의 청지각적 평가방법 비교: 세부평가와 범주평가. **한국언어청각임상학회**, 23(1): 242-253.

Ramig, L. O., Countryman, S., Thompson, L. L., & Horii, Y. (1995). Comparison of two forms of intensive speech treatment for Parkinson disease. *Journal of Speech and Hearing Research, 38*(6): 1232-1251.

Rosenbek, J. C., Lemme, M. L., Ahern, M. B., Harris, E. H., & Wertz, R. T. (1973). A treatment for apraxia of speech in adults. *Journal of Speech and Hearing Disorders, 38*(4): 462-472.

Wambaugh, J. L., Kalinyak-Fliszar, M., West, J. A., & Doyle, P. J. (1998). Sound production treatment: A treatment for apraxia of speech. *Journal of Speech, Language, and Hearing Research, 41*(3): 713-726.

Wertz, R. T., LaPointe, L. L., & Rosenbek, J. C. (1984). *Apraxia of speech in adults*. New York: Grune & Stratton.

https://www.lsvtglobal.com/LSVTLoud#loudTreatmentSection

저자 소개

김주연(Kim, JuYeon)

언어재활사 1급(보건복지부)

진술조력인(법무부)

사회복지사 2급(보건복지부)

연세대학교 대학원 언어병리학협동과정 석사

현 분당서울대학교병원 재활의학과

서혜경(Seo, HyeGyeong)

언어재활사 1급(보건복지부)

청각사(대한이비인후과학회)

임상심리사 2급(보건복지부)

연세대학교 대학원 언어병리학협동과정 석사

현 가톨릭대학교 은평성모병원 재활의학팀

말운동장애를 위한 언어재활 워크북
A Workbook for Motor Speech Disorders

2025년 4월 15일 1판 1쇄 인쇄
2025년 4월 25일 1판 1쇄 발행

지은이 • 김주연 · 서혜경
펴낸이 • 김진환
펴낸곳 • ㈜ 학지사
　　　　04031 서울특별시 마포구 양화로 15길 20 마인드월드빌딩 4층
대 표 전 화 • 02)330-5114　　팩스 • 02)324-2345
등 록 번 호 • 제313-2006-000265호

홈 페 이 지 • http://www.hakjisa.co.kr
인스타그램 • https://www.instagram.com/hakjisabook

ISBN 978-89-997-3402-1　93370

정가 25,000원

출판미디어기업 학지사

간호보건의학출판 학지사메디컬 www.hakjisamd.co.kr
심리검사연구소 인싸이트 www.inpsyt.co.kr
학술논문서비스 뉴논문 www.newnonmun.com
교육연수원 카운피아 www.counpia.com
대학교재전자책플랫폼 캠퍼스북 www.campusbook.co.kr